TRILINGUAL PRESS

Степан Дуплий

ШТРИХ-ПУНКТИР

Стихотворения

TRILINGUAL PRESS
Кэмбридж, Массачусетс, США

2012

Steven Duplij

DASH-DOTTED
Triumph-Despair

*P*oems

TRILINGUAL PRESS
Cambridge, Massachusetts, USA

2012

Dash-Dotted (Штрих-пунктир)

Poems in Russian and English (Стихотворения на русском и английском языках, перевод автора)

Author: *Steven Duplij*

        (*Stepan Douplii*, Степан Дуплий)

Design (оформление и макет):
Mariya Antyufeyeva (Мария Антюфеева)

TRILINGUAL PRESS
PO Box 391206
Cambridge, MA 02139
USA

Email: trilingualpress@tanbou.com

ISBN-10: 1-9364310-7-6   Trilingual Press Cambridge

ISBN-13: 978-1-936431-07-6 Trilingual Press Cambridge

Library of Congress Control Number: 2012944893

All rights reserved.
No part of this book may be translated or reproduced in any form without written permission from Trilingual Press.

© Trilingual Press, Cambridge.
Printed in United States of America.

Штрих-пунктир   Dash-dotted

СОДЕРЖАНИЕ   CONTENTS

СТИХОТВОРЕНИЯ

- ВРЕМЯ ... 15
- ПОЛУ ... 16
- СТЕПНОЙ ВОЛК ... 17
- РЕШЕТО ... 18
- ВАМПИР ... 19
- ПРЕД8МАРТОВСКОЕ ... 20
- БЕСКОНЕЧНАЯ РАСПЛАТА ... 21
- ПОСЛЕДНИЙ ПОЛЕТ ... 22
- НЕТ, НИЧЕГО НЕТ ... 23
- СЦЕНА ... 24
- АНГЕЛ ... 25
- НЕПРАВИЛЬНЫЙ СОН ... 26
- СМЫСЛ ... 27
- ПРОШЛОСТЬ ... 28
- СКИТАЛЬСКИЕ БУДНИ ... 29
- ГОРОДА ... 30
- ПОЛЕТЫ НЕНАЯВУ ... 32
- ДРУГОЙ ... 33
- ОТ ... 34
- ПИВО ЖИЗНИ ... 35
- ДАННОЙ МНЕ ... 36
- ВИД НА ПРЕДАТЕЛЬСТВО ... 38
- ИМ ... 40
- МЫСЛИ НЕ В РИФМУ ... 41
- ГОСТИНИЦА ... 42
- МНОГООБРАЗИЕ СЕРДЕЦ ... 43
- ПАССАЖИР ... 44
- ПРЕДЕЛ ... 45
- ИКОНА ... 46
- ОТКУДА? ... 48
- ДВЕ ОСЕНИ ... 49
- ПРОЗРАЧНЫЙ НЕРВ ... 50
- НЕ ... 51
- ТОМ ... 52

ТЕНЬ	53
БЛИЦ	54
ПЕРЕМЕНА	55
ЯДРО	56
ВСТРЕЧА	57
БРОСАНИЕ	58
ОБРЯД	59
НОЧЬ ИЗМЕНЫ	60
ВОПРОСЫ	61
НАДЕЖДА-ДОЧЬ	62
ВСЕ	63
ЖЕЛАНЬЯ	64
ФЕОФАНИИ ДОЖДЬ	65
ЗА ЧТО?	66
ВЕНОК	67
ПОЛЕТ	68
СОЛЕНЫЙ БЕРЕГ	69
СКОРО ВОЙНА	70
ВАН-ГОГ	71
ЭКСТЕРН	72
РИСУНОК	73
БРОЖУ ПО АСФАЛЬТУ	74
УКРАСТЬ ТЕБЯ	75
ЯНВАРЬ	76
ИСТОК	77
КВАНТОВАНИЕ	78
НЕЖНЫЕ ЦЕПИ	80
ПРИЗМА	81
МОЙ РАССВЕТ	82
МЕСТОИМЕНИЕ	83
АИСТ	84
СИАМСКИЕ МЕЧТАНЬЯ	85
ФЕОФАНИИ НОЧЬ	86
МЕТАМОРФОЗЫ	87
НА ВОЛОСКЕ ОТ ЖИЗНИ	88
НИМБ	89
ЗВЕЗДЫ	90
ПОКРОЮ НЕЖНОСТЬЮ	91
ПРИЧАЛ	92

Штрих-пунктир — Dash-dotted

БЬЮСЬ ПРОШЛЫМ 93
ЗАСТЕНКИ 94
БУДУЩЕГО ХРАМ 95
БРЕД 96
КУПЛЕТ 97
БЕЗ ТЕБЯ 98
НЕ РАЗБЕЙ 99
ДИАЛОГ ЧЕРЕЗ ОКНО ВАГОНА 100
СТРОКА 101
СПЛИН 102
ПОВЕРХНОСТИ 103
ЛИСТЬЯ 104
БРОСИТЬСЯ ВНИЗ 105
ЗВОНОК В ПРОШЛОЕ 106
ПОБЕГ 107
ЗАМОК ТЕНЕЙ 108
ДУША 109
ПРИВЕТ-ЗДРАВСТВУЙ 110
ИЗМЕНЫ 111
ОЧИЩЕНИЕ 112
ПРИЗНАНИЕ 113
ЛУНА 114
ТРОН 115
РАЗМЫШЛЕНИЯ 116
ПРЯДЬ 117
ТЕЛО 118
МОТИВЫ ЛЕТ 119
СВИДАНЬЕ 120
ШТОРЫ В МОЛОДОСТЬ 121
РАЗРОЗНЕННЫЕ МЫСЛИ 122
ЗАПОЙ 124
МОЛИТВА 125
МЕРТВАЯ МАМА 126
УДАР 128
ПОЛНОЛУНЬЕ 129
ЛИК 130
БРОДВЕЙ 131
ПРОСТОР 132
ЗАМЕНА 133

ПЬЮ ПРОСТРАНСТВО	134
БЕРЕГ БРЕДА	135
ИЛЛЮЗИЯ	136
ПОЛЕТ ПОНЯТИЙ	137
КОСТЬ СУДЬБЕ	138
ОДИНОЧЕСТВО	139
ОСТЫВАНИЕ	140
РАЗРЫВ	141
ДУЭТ	142
ЛЮБОВНИК	143
ВЗГЛЯД	144
ТЫ	145
ТРИ КЛАДБИЩА	146
ЖИВ	147
НЕ ЗАМЕТИЛ	148
ЛИВЕНЬ	149
МЕЧТА	150
В ГОРОДЕ	151
ДОГАДКА	152
ЗАМРИ ВОСТОРЖЕННОСТЬ	153
СТРАНИЦЫ КЛАССИКОВ	154
НОЧЬ ОДИНОЧЕСТВА	155
ОБЕСКОНЕЧИВАНИЕ	156
ТУМАННОСТЬ ВЕЧЕРА	157
ВНУТРЕННИЕ МИРЫ	158
ТЕЛЕФОН	159
ОЗНОБ	160
ЧУЖАЯ	161
ТОЧКА	162
ПТИЦЫ	163
РАДИАЦИЯ	164
ЦЕЛЬ	165
ОЖИТЬ	166
ЗРИТЕЛЬНЫЙ ЗАЛ	167
ПУСТОЙ ВАГОН	168
ЦВЕТЫ	169
УСТАЛОСТЬ	170
ПЛАТА ЗА ПЛАЧ	171
СТРЕМЛЕНИЙ ПОХОРОНКИ	172

Штрих-пунктир / Dash-dotted

- ИСТОРИЯ ЛЮБВИ 173
- УСПЕНИЕ 174
- ШАР 175
- НЕНАВИСТЬ 176
- КРУГИ 177
- НИТЬ 178
- НОСТАЛЬГИЯ 179
- ОСИРОТЕВШИЙ ВЗГЛЯД 180
- ОЖИДАНИЕ 181
- НЕ УМЕЮ 182
- ГОРИЗОНТ 183
- ИЗМЕНЫ С МУЖЕМ 184
- ОБЪЯТИЯ ЖИЗНИ 185
- СМЕРТЬ 186
- КОМ 187
- ПОСТОЙ 188
- ОКРАИНА ДЕТСТВА 189
- РОЗЫГРЫШ 190
- ПУТЬ В ПРОШЛОЕ 191
- ЖИЗНЬ 192
- ЗАСТОЛЬЕ ОДИНОЧЕСТВА 193
- СТУПАЛ БЕЗОГЛЯДНО 194
- ОБУГЛИВШИЙСЯ НИМБ 195
- КЛЕЙМО 196
- КОСА ВРЕМЕНИ 197
- БАСТУЕТ НЕЖНОСТЬ 198
- ПРОЩАНИЕ 199
- ТРИДЦАТЬ ТРИ 200
- СТРЕЛА 201
- БЕЛЫЙ СТИХ 202
- ШУМ ДОЖДЯ 203
- ЖДУ ВСЮ 204
- ДОЖДИ 205
- БОЙ 206
- РОК 207
- ПЕРЕМНОЖЕНИЕ 208
- ЛИШЬ БЫ 209
- ПОЙМИ 210
- СТЕПНОЙ 211

ПРОСТО ЖИТЬ	212
ПОДАРОК	213
КОВАРСТВО	214
ПОЭЗИЯ	215
НУЖЕН	216
НА ГРЕБНЕ	217
ПРОДОЛЖАТЬ	218
ДЕТСКИЙ АЛЬБОМ	219
МАСТЕРСКАЯ	220
УМНОЖИТЬ	221
ИНТИМ С НАУКОЙ	222
РЯДЫ	223
ЖЕНЩИНА	224
ЛИСТ	225
ПЕСНЯ ПРОШЛОМУ	226
ЛИСТАНИЕ СЕБЯ	227
ТОРГ	228
ИНЕЙ	229
ПОЛНАЯ ЖИЗНЬ	230
СТИХОДЖАЗ	231
ЗВОН	232
ОБЪЯТИЕ	233
КОГДА ПУСТ	234
ДРУГИЕ ПЛАНЫ	235
БЛЕДНЕЕТ НОЧЬ	236
СТРАХ	237
НОЧЬ	238
СУПЕРМНОГООБРАЗИЕ	239

SELF-TRANSLATIONS

SIEVE	243
INFINITE ATONEMENT	244
ANGEL	245
INCORRECT DREAM	246
PASTNESS	247
PASSENGER	248
ICON	249
SEMI	250
VOLUME	251
BLITZ	252

Штрих-пунктир / Dash-dotted

NUCLEUS	253
QUITTING	254
SUPERMANIFOLD	255
BETRAYAL NIGHT	256
CRYING	257
EVERYBODY	258
PHEOPHANIA'S RAIN	259
WREATH	260
FLYING	261
SOON — WAR	262
DRAWING	263
JANUARY	264
REFUGE OF HOPES	265
QUANTIZATION	266
DAWN OF MINE	268
CASTLE	269
PHEOPHANIA'S NIGHT	270
WITHIN A HAIRSBREADTH OF LIFE	271
STARS	272
HEATING	273
FIGHTING	274
TORTURE-CHAMBERS	275
AFTER YOUTH	276
WITHOUT YOU	277
LINE	278
LEAVES	279
CALL TO THE PAST	280
FLIGHT	281
SOUL	282
CLEANING	283
MOON	284
REFLECTIONS	285
BODY	286
RENDEZVOUS	287
BLINDS ON THE YOUTH	288
PRAYER	289
FULLMOON	290
BROADWAY	291
PULLING	292

COAST	293
ILLUSION	294
BONE	295
GETTING COLD	296
DUET	297
THREE CEMETERIES	298
I HAVEN'T NOTICED	299
DOWNPOUR	300
IN THE CITY	301
SURMISE	302
EMBRACING	303
EVENING'S FADE	304
FEVER	305
POINT	306
RADIATION	308
GOAL	309
PLAYHALL	310
FLOWERS	311
BALL	312
HATRED	313
BEND	314
GAZE	315
HORIZON	316
BURNING UP THE LIFE	317
CLOT	318
HAVING	319
PLAYING THE GAME	320
LIFE	321
FEAST OF LONELINESS	322
BEING DELIRIOUS	323
CHARRED NIMBUS	324
SCYTHE OF TIME	325

СТИХОТВОРЕНИЯ

Штрих-пунктир

ВРЕМЯ

Время воркований
Медленно ушло.
Склеп из ожиданий,
Нежность — ремесло.

Ласки — надоели,
Женщины — ушли.
Кто я в самом деле?
Что душа болит?

Затираю память,
Подвожу черту,
Развожу годами
Ложь и пустоту.

Выношу на строки
Прошлого иглу.
Бренности оброки
Осветляют мглу.

Отмываю пятна
Радостей и нег.
Жизнь — лишь однократность,
От себя побег.

Берегу потери,
Растворяюсь в ночь.
Время — не измерить
И не превозмочь...

Степан Дуплий

ПОЛУ

Полуправда, полусовесть,
Полуспор и полубыт,
Полумир? — Судьбы не стоит.
Полупамять? — Прочь! — Забыл.

Душ спасительное «полу»
Размывает смыслов круг —
Полувраг с полуукором
Полуврет, что полудруг.

Получувствами — торговля,
Пища — полуфабрикат,
Полусыт полулюбовью
Полумуж и полубрат.

Полувласть — полусвобода,
Стыдно всем — полумолчат.
Извратясь в полународы,
Полуспим — опять назад?

СТЕПНОЙ ВОЛК

Я — степной одиночества волк,
Даже некому в стон приласкать.
Что ж — в предательствах знаю толк.
От них просто так — не сбежать.

Не съехать в страну — на запад,
Звонить в пустоту — на восток.
Пейзажей смена — в радость,
Смена эмоций — в сток.

Берег реки — лишь камни,
Берег души — лед.
Игры в любовь — раскаян.
Страсть — нет высоких мод.

Слева — гудят потери,
Справа — хамят года.
Их пережил, не веря,
Что и кому отдал.

Вновь обошел с молитвой
Бывших — в который раз.
Ноут открыл — там бритва,
Байты прощальных фраз.

Степан Дуплий

РЕШЕТО

Распластанных улиц
                листая страницы
Чужих городов искореженных тел,
Я спрашивал тень,
             что над ними клубится,
Откуда приходит мечтаний
                          расстрел.

Заплёванный смысл
                прекращает свиданье
С ударами нищих и с плетью богов:
Затем перелёт —
              решето расставаний
Просеет остаток
              бессмысленных слов.

Приглажу узор
             превращения в нежность
Избитыми жестами вычурных дней,
Которых давно
              не питает небрежность
Пустых недо-текстов,
              что смерти больней.

ВАМПИР

Пустынный лист
                невыплаканных слез —
Страницу как заполнить,
                        что оставить?
Кому, зачем?
                Бессмысленный вопрос.
Я был там. Нет. Ушедшесть —
                        не исправить.
Истерики бывают у мужчин,
Признанье —
                лишь подчеркивает силу.
Гитара не спасает — вновь один.
Чужие лица, страсти —
                        все постыло.
Иль бросить в урну слог,
                что не изрек,
Стереть все файлы
                нулевых размеров?
Кому пожаловаться
                на короткий срок
Внутриструны звучания
                аккордом серым?
Бросаю обреченный взгляд на мир:
Друзья, любимые, украденные дети
Промчались в миг. Святой вампир
Забвения оскалил время —
                        мимолетьем...

Степан Дуплий

ПРЕД8МАРТОВСКОЕ

Что-ж, ни сложить, ни вычесть, ни умножить
Сегодня не удастся —
Лет уж нет.
Момент отрыва от земли — как-будто в бег.
Проверка безопасности ремней судьбы —
Бессмысленно, смешно и глупо —
Все — ни подытожить,
Ни снять вину, ни аннулировать долги.
Они — как нераспавшийся в шкафу скелет.
Отныне — счет не в банке, должностях,
А на часах,
Что тикают — но лишь вперед и непрерывно,
Как бы — глумясь...
Чем побороть невидимости страх?
Откинуться на кресле из ушедших,
Не оставляющих пунктиров и штрихов?
Они же знают, что давно неинтересны —
И даже им самим...
Ни их прозрачные интриги, ни красота, ни тело,
Жизнь иль страсть, ни дети — даже не любовь.
Неускользающий — лишь свет в туннеле
Из ненасытности, стремлений и потерь.
И некому открыться — бывшие свои, как иностранцы:
Друзьями, близкими, любимыми —
                              так называться все хотят.
И — льстят.
Но смысла нет — где искренность?
Все — не на самом деле.
На исчезающем вдали манеже — цирк застыл.
И буду грустно рад,
Когда проигнорирую и не увижу —
Ненужный, несмываемый закат...

Штрих-пунктир

БЕСКОНЕЧНАЯ РАСПЛАТА

В этом мире —
На лезвия кромке —
Вновь хватаюсь за воздух души.
Усмехаясь, потерями вскормлен.
Что теперь остается? — Пиши.

Что писать? — Горько-липкое время
Познается, когда его нет.
Наудачу покинутый всеми,
Отраженье — иссохший скелет.

Чтоб во сне не являлись оттуда,
Застилаю постель на двоих,
Зря тепло экономлю до утра —
Что ж, не будет ни тех, ни других.

И тогда, обезумев от страха,
Испещрю бесконечным статью —
Может это и есть их расплата:
Все, что стынет на дне, я допью.

В этом мире —
На лезвия кромке...

Степан Дуплий

ПОСЛЕДНИЙ ПОЛЕТ

Памяти моего друга Александра Будянского
1956-2002

Ушел мой друг
Или — «ушли»?...
Очерчен круг —
Миг в крест — нашли.

Один лишь путь:
Как птица — вниз.
Забыть, уснуть...
Туда нет виз...

Отбор — жесток
И слеп, и глух:
Лишь лучших — в сток,
Земля им пух.

И мы, предав,
Во лжи, смеясь,
Шеренгой став,
Взглянуть боясь
Друг другу — вглубь,
Чтоб — «не со мной».
Из бледных губ —
Елейный гной...
Всех не стряхуть,
И не «уйти» —
Не ускользнуть...
К тем снизойти,
Отмстить, чтоб жить,
Как он мечтал.
Смысл обнажить:
Что ж, зря летал?...

Штрих-пунктир

НЕТ, НИЧЕГО НЕТ

Нет, ни любить, ни верить — больше не способен.
Мой крик — ненужен, пуст, анизотропен —
В ничто.

Ни женщин нет, ни смыслов — лишь утраты.
Прощений плед разорван, их закаты —
В лицо.

Отныне остается: в ниц — смириться
С предательством здоровья, возраста. Мне снится —
Что сплю.

Мосты не сожжены, их в темноте — не видно.
Тщетны усилия и смех надежд — обидно.
Молю...

Степан Дуплий

СЦЕНА

Обнимаю грустью
Закат и восход —
Несвятым облучен
Мой ангел из строк.

Ережду смятенье,
Прикрою грехи,
Пролистаю время
Назад — чтоб не стыть.

Удалюсь от мира,
Узнаю, где лечь,
Обласкаюсь лирой,
Чтоб ими истечь.

Рассказал — все бренность,
Смешно, не понять.
Полон зал, но сцена —
Уже без меня...

Штрих-пунктир

АНГЕЛ

Ты не грусти, мой ангел злости:
Пройдет не все — лишь стон и
                              страсть.
С тоской на раненом погосте
Душа, уставши, обнялась.

Не разводи мосты над склепом
Всепоглощающих оков —
Истраченность ростков, нелепость
Погибших лет, ненужных слов.

Заставь других молить о счастье,
Свой мир не втаптывай в ту грязь.
Судьба сомкнула на запястьях
Ложь-приговор, опять глумясь.

И — прекращается свиданье
С мотивом-бредом: в ночь стучась,
Изненавидя оправданий
Наивных гроздь, приму их власть.

НЕПРАВИЛЬНЫЙ СОН

Наутро вновь снится —
                    неправильный сон:
Я — в прошлом, все — живы,
                    и — снова влюблен.
Терзающий запах неласковых рук,
Застолье привычных пороков.
                    Вдруг — стук:
Она приходила —
                    без спросу, навзрыд.
Судьба в крик молила —
                    так надо. Знобит.
Надежды диезной
                    нот стан за окном,
Распластанный бездной
                    утрат, приму слом,
Но — только играя,
                    над внешним собой
Смеясь, превращая
                    в строку деву-боль.
Наутро вновь снится —
                    неправильный сон:
Я — в прошлом, все — живы,
                    и — снова влюблен...

Штрих-пунктир

СМЫСЛ

Так устал —
        себя сверх-ненавидеть...
Время — растворяющее ничто...
Ночи-одиночи тягучие
Будто за работой — зачем?
Очищающая неустроенность,
Преднамеренность отождествления
Мирских многомерных понятий:
«Когда», «почему» и «за что»...
Приходящие — вновь уходящие...
Обочина — непонимания...
Псевдоухмылки наивные.
Но ведь нельзя не любить?..
«Да... живет в свое удовольствие» —
Твердят они закоулками.
Такого — не пожелал бы, злясь,
И в откровенном бреду.
Не внимать судьбы предсказаниям,
Пока все до дна не исполнятся.
Неприкаянно, поздно, изойденно...
Только — может быть в этом и
                     смысл?...

ПРОШЛОСТЬ

Листья —
Покрываются другими.
Жизни —
Растворяются над ними.
Отраженье — стой,
Все еще — живой.
Листья —
Покрываются другими.

Нежность —
Принимает расставанье,
Грешность —
Побеждает с ликованьем.
Мигом миг — расстрел,
Прикрывай удел.
Нежность —
Принимает расставанье.

Прошлость
Прекращает путь — сегодня.
Тошность —
Неоконченных застолий.
Извращен мир в смех
Лицемерья — тех.
Прошлость
Прекращает путь — сегодня.

Штрих-пунктир

СКИТАЛЬСКИЕ БУДНИ

На чужих квартирах,
У ничьих столов
Я встречаюсь с миром,
К миру я — готов.

Прирастаю к месту,
Где пробыл два дня.
Сразу же здесь — тесно,
В нем и нет — меня.

Нарезаю будням
От души куски,
Чтобы не быть студнем
От немой тоски.

Обретаю смыслы
В пустоте дорог.
Опадают листья,
Что спасти — не смог...

Вновь бросаюсь в стену,
Чтобы — не с окна.
Жизнь куда я дену?
Говорят — нужна...

ГОРОДА

Красивые города — как женщины.
Их чистые улицы главные,
Неподдающиеся описанию красоты
Соборов, мостов и памятников.

Они не дают расслабиться,
Бежать надо все осматривать,
Выслушивать их истории,
Которые в ложь одинаковы,
Как и одинаков ты.

В миг только лишь привлекательны
На том расстоянии вымыслов,
Что мы наполняем, не думая
О пересеченьи времен.

Картины рассказов затасканных
Воображенье захватывать
Должны по тому же правилу,
Что нам не дает остыть.

От женщин не скроешься в ненависть,
Как от городов нанизанных
На калейдоскоп из ласковых,
Любимых до скучности мест.

Горят ненасытным ужасом
Глаза, как огни на площади,
Которую все постараются
На плане любви посетить.

Штрих-пунктир

Красивые женщины сотканы
Как и города — из вечности
Желаний и снов неизведанных,
А вместо реалий — мечты,
Которые в стон рассыпаются,
Когда вдруг проходишь по камням их,
Уверенный, что ты единственный,
Идущий таким же путем.

Но все растворяется временем
И неизбежной ненужностью,
Поэтому их забываемость
Построит фундамент другим.
Красивые города — как женщины?...

ПОЛЕТЫ НЕНАЯВУ

Полеты — в день,
Улеты — в ночь.
Цель — дребедень.
Как превозмочь,
Того, что нет
Уже давно...
Просроченный билет...
Закрытое окно,
В ушедшем — ключ.
Разгон — зачем?
Куда и с кем?
Нет лет, как стен.
Нет — их,
Как будто не было —
Совсем.
Камин — остывших чувств,
Лишь дым — вместо тепла.
А вместо строк —
Бессмысленный набор из слов.
Не верю — сам.
Они — хотят не знать,
Не видеть, не читать.
Но ведь все так и есть.
Изысканная спесь:
Жизнь — будто не одна.
Красивый вид — был из окна...

Штрих-пунктир

ДРУГОЙ

Что ж, не рассказывал никто,
Зачем, куда меня заносит.
Бросал ли всех? Один...
Нет сил — терпеть ничто.
Прощать ничем,
Отдать не все,
И не себя —
Кому, зачем?
Отлынивать,
Им — не звонить.
За что? — За все,
Что было болью.
Но где теперь она —
Исхода нить?
Рвет должников —
Унылое застолье.
Один лишь тост —
За пустоту.
В нее уйти —
Наполнить —
И вернуться.
Другим.
И для других...

Степан Дуплий

ОТ

От — издевательств я твердею
И забываю имена
Всех предыдущих, жен. Посмею
Сказать им в ниц: «Идите на...»

От — остановок несуразных
Не там, не с теми, не за тем
Рябит в душе. Однообразны
Пейзаж и время, краски стен...

От — незаконченности жизни
Уже не веет новизной
Забытых чувств. Их укоризной
Не утолить желаний слой.

От — неразобранных завалов
Невыполненных псевдо-дел
Мне просыпаться стыдно. Славы
Уже не хочется: предел.

От — неудач я только строже
Анализирую полет.
Чтоб не сложить их, а умножить
Мои идеи — ввысь, вперед...

Штрих-пунктир

ПИВО ЖИЗНИ

Снова мчусь по Баварии —
Пиво в руке,
А в другой — две сосиски,
Без компа — налегке.
Завтра в леной Италии —
Дать семинар
Я лечу из Вестфалии —
Там ждет math: super-star.
Не могу отличить Альпы от облаков —
В них врезается поезд — попутчик богов.
Что еще пожелать — будто есть уже все.
Где минуты достать, чтоб исполнить расчет,
Взятый как-бы на час — отдавать на всю жизнь.
Предвещающий глас: их полно, ты — один.
Непрочтенных станций — названья в окне
Мелькают как годы — ненужные мне.
Умоляю судьбу — хоть чуть-чуть про запас.
Ненавижу борьбу, истощает что нас.
Где взять творчества гроздь,
Чтоб не стыдно писать
Было мне и другим —
В бесконечность сказать,
Что я — был, но — не им...

Степан Дуплий

ДАННОЙ МНЕ

Тщетно жду-не-дождусь,
Как с тобой обнимусь,
Чтоб сомкнуть наши пары рук.

Каждый день-ото-дня
Ты идешь сквозь меня —
Под компьютеров клавиш стук.

Так увидеть — хочу,
Что желаешь — чуть-чуть —
Не себя, а меня — как он есть,

Чтоб обиды и крик
Не стирали тот лик
Отношений, чтоб начали цвесть.

Возрождались они
С красоты и весны,
А потом за дождями — снег.

Разогретые злом —
Не туда их несло —
В пропасть пьяных псевдоутех.

Я пытался понять
Нас двоих, чтобы стать
Одним целым — из двух половин.

Мы отдали по жизни
Друг другу — каприз
Пусть не даст нас убить без причин.

Штрих-пунктир

У нас времени нет
Взять обратный билет —
Мы сыграли во все и для всех.

Что создали, успеть
Не пустить в души смерть,
Не продать за признанье успех.

Степан Дуплий

ВИД НА ПРЕДАТЕЛЬСТВО

Ты предавала молча всех,
Друзей, любимых, сына, мать.
Отца — хотела, не предать,
А м как мужчину...
Но сказать...
Нет, не могла.
Псевдоуспех
Разменом стал — на псевдожизнь.

Теперь пришел черед страны —
И не одной, а сразу двух.
Как прошлых, так и будущих —
Предатель остается им — для всех.
И будущем, и в прошлом.
Как окружающих, дарящих —
Насилуя безбожно,
И — отдавая ноль,
Послала, как и тех,
Кто вкладывал в тебя.
Клянчишь униженно
Под блефом «обучений»
Ничтожный «вид на жительство»,
Иль на убожество, как знать.

Все «астро-предсказания» твои —
Игра, вранье и бред
Самовлюбленной, перезревшей тени.
Лишь комплексы — «как я умна».
Твоих слов пустота,
А страсть — лишь деньги,
Побольше снять, нагадить в душу
И сбежать...

Штрих-пунктир

Всю неприкаянную «жизнь»
Ты шла по трупам, ну и что?
Нужницею быть современно:
Контакты — по нужде,
Эмоции — от полученья
Того, что вовсе не твое.
Где результат? —
Одни потери.
Не только тех, кто был с тобой.
Но и души.
Без дома, нежности, любви.
Где смысл метаний по чужим квартирам,
Городам и странам?
Там нет того, что ждешь...

Ни слову твоему, ни жесту —
Нет, ничему давно не верю.
Мне просто жаль, что знал тебя.
И ложь твою, и низость...
Ну что ж — ничтожному свое.
Предателям — ненужность и забвенье...
А я продолжу, чтоб иллюзии принять
И — в бесконечный омут,
Водоворот развития, преодоленья —
Что зовется жизнь.

ИМ

Да, жизнь у них — как будто игрек равно икс.
Ни полюсов, ни даже изменений.
Ее не то, чтобы не хочется «на бис»,
Нет каждодневных сил: с утра — и на колени.

А все — так рады, хватанут еще —
На западе, востоке, на чужбине.
Не чувствуют — неумолимый счет
Пожизненно: внутри границ не сдвинешь.

Не ведают невежды, что творят,
Не знают, сытые — близка расплата.
В них искренность и боль — давно уж спят,
Ломая девственность рассветов и закатов.

В e-mail рассылках растворяют стон,
Из ICQ и чатов сутки не выходят.
Но — тщетно все: им жизни не сменить наклон
На положительный — сей ключ в душе, в народе.

Штрих-пунктир

МЫСЛИ НЕ В РИФМУ

Мне надоело говорить
Одно и то же — всем...
От слов тошнит,
И от себя — не меньше.
Вновь снилось — я средь женщин,
Которых нет среди людских людей.
Но почему, откуда и зачем?
Нет смыла в злых упреках.
Лишь отвращенье ко всему,
Что соткано — из лжи.
Их нет, они — в воображеньи,
Больном наивным пледом сна.
Чтоб не идти вперед,
Любым предаться ухищреньям.
А где-же слезы, чтоб понять
Ненужность, тщетность и конечность
Бесследного исчезновенья
Слоев надежд и ненасытность дна.
Без них — предел не взять...

ГОСТИНИЦА

Воспаленные стены гостиницы
Измываются, пользуясь тьмой.
Как мне в этой коморе не сдвинуться
От того, что всем в мире — чужой?

Безразличные улицы светятся
Ненавистным огнем суеты.
Закрываю глаза, чтоб не встретиться
С той, что будет тобой, но не ты...

Раскаленные струны сознания
Излучают, но то, что — не здесь.
Где шестнадцатое прерывание? —
Только смех, лицемерье и лесть.

Воспаленные стены гостиницы
Измываются, пользуясь тьмой,
Превращая плюсы в нули с минусом —
Так мне их не носить за собой...

Штрих-пунктир

МНОГООБРАЗИЕ СЕРДЕЦ

Простор души, отдохновенье
Перерастает в немоту.
Начну ненужное творенье?
Опять целую? Вновь — не ту?

Последних лет судьбы листанье
Отображаются — ничем.
Переливаются — страданьем
Огней вопроса: все зачем?

Отжитых нег исчезновенье
Не замечаю — не хочу.
Осталось легкое презренье
К былым победам — стыдно чуть.

Ушедших лиц изображенья,
Многообразие сердец
Распались в дымкое виденье
Несносных рифм: старт, стоп, конец...

Не ожидая покаянья
Ни от себя, ни от других,
На обреченное лобзанье
Отвечу пением — о них.

Степан Дуплий

ПАССАЖИР

Я всего лишь смешной пассажир
В никуда уходящего поезда —
Истощили бесплодные поиски,
Полустанки холодных квартир.

Позабытый, седой, озабоченный
Не согрею дыханьем окно.
Надоевшим усталым обочинам
Нет конца — неизбежности дно.

Спит Земля —
              терпеливое кладбище,
Топорами-крестами грозя,
Удушающих «радостей» лапища
Душу в тщетные крики дробят.

Ветру мига надежды оставлены,
Уже некому боль изласкать,
А в глазах, как за белыми ставнями,
Безысходная жизни тоска.

Штрих-пунктир

ПРЕДЕЛ

Все потеряло смысл —
                и нежности, и цели.
Чужие — веселятся, я — скорблю.
Тиха печаленность —
                прикармливает зельем
Как будто одиночества,
                как будто — сплю.
Окно зашторивает плед
                воспоминаний.
Они — чуть греют внешне,
                чтоб — уйти
В неупрекаемую даль с крестами,
И там — услышать нежное прости.
В полет — за стол,
                спасительный и верный.
Оттуда не вернуться в прежних круг.
Забытый смех рисует неизбежный
Предел значенья нас,
                предел четырех рук.

Степан Дуплий

ИКОНА

Прозрачные глаза,
Искусственные слезы
Зовут на дно души
Сильнее, чем судьба.
И — нечего сказать,
И — жгут метаморфозы,
Чтоб ими след расшить,
Чтоб ими смыть раба.

Строптивое ничто,
Ослепнувшие дали
Ласкают пеной снов
Погибшие цветы.
Прикроюсь нег листом,
Раскрашу в изначальность
Мой эшафот — готов
Безумием застыть.

Уродуя мотив,
Заклею стон куплетом
Из ненасытных слов,
Постигну болью лет
Желанье роз разлив,
Останусь жить скелетом
Изглоданных долгов,
Которых уже нет.

Штрих-пунктир

Превозмогая ночь,
Зайду на миг в открытость,
Поставлю им свечу,
Приросшую к руке:
В иконе — сын и дочь,
Украденные бытом,
Пейзаж, деревьев чуть...
И свет невдалеке...

Степан Дуплий

ОТКУДА?

Откуда ветер, чтобы плыть?
Откуда плач, чтобы смеяться?
Кому отдать, чтоб не остыть?
Кого предать, чтоб наслаждаться?

Покинуть что, кого хотеть?
Создать зачем, чтобы разрушить?
Где столько сил, чтобы терпеть?
Где столько лет, чтоб обездушить?...

Штрих-пунктир

ДВЕ ОСЕНИ

Что смотреть в окно на листья? —
Да, желтеют, мрут, летят.
Провожая осень жизни,
Не вернуть весну назад.

Страсть остыла, песнь отпета.
Танцевать? Кому? Зачем?
Смыслов радостное лето
В лету кануло ни с чем.

Приоткроет ли завесу
Нить судьбы, как то узнать?
Мне б уйти от образов из пьесы
Тщетных снов. Миг пьет весна...

Степан Дуплий

ПРОЗРАЧНЫЙ НЕРВ

Волною надоевшей страсти
Слеза струилась по щеке.
Снег бил в лицо. Я корчил счастье
И — был готов, и — налегке.

Исчезли в ночь за поворотом
Тех — обещанья, тех — мосты.
Две испечаленные ноты
Стирались в горстку запятых.

Прозрачный нерв от напряженья
Мешал корежить мир, творить.
Я преклонил пред ним колени,
Чтобы принять.
        Восстать.
           И — быть...

Штрих-пунктир

НЕ

Неумолима неприкаянность —
Неглавным.
Неистощимость неестественна —
Не здесь.

Ничто-невинность, не растаявшая
Странным,
Изобличает иллюзорность
Не-побед.

ТОМ

Казалось всуе — время есть, успею.
Мечталось глупо —
                жизни полный том.
Страниц последних горсть обнял,
                        немея
От нечитаемых, с пометкой —
                  «на потом».

Постигнет участь
                все мои стремленья
Та, что изложена в чужих томах
                      вдоль стен,
Которые кишат забвением,
Перекореживая
              снов рефрен.

Предстану перед ним,
                смеясь от боли,
Изнемогая ожиданьем слов —
Последних в этом
              низменном застолье
Идей пустых, отравленных богов.

Штрих-пунктир

ТЕНЬ

Тень... Забыл обо всех спетых
                                  женщинах,
Перестал ниц бумагу марать.
Обожаю судьбу — за изменчивость,
Ненавижу ее — ожидать.

Искричу у безумия кротости,
Разотру отраженье в окне
Той ладонью, что нежила волосы
Нелюбимых в разврата вине.

Прекращаю парить
                     над бездыханным
Полем сдавленных
                     низменным дел —
Позволяю стремленьям неистовым
Заслонить от сознанья удел.

Растворю непонятными строчками
Уходящий в сплин времени след,
На раскрашенных жертвах-обочинах
Перемножу с прощаньем обет.

БЛИЦ

Годы за шторами в молодость
Переплавляют ничто
Свастикой нег, чтобы голодом
Творчества скрасить итог.

Свет на истомленных линиях
Вновь индевеет больным
Действием пьесы «Прости меня»:
Роли отдам временным.

За виноватыми окнами
Стелется прошлого сон.
Стану на край, чтоб захлопнуть их:
Шаг — и полет предрешен.

Замкнутый тор из отчаянья
Катится вниз по судьбе.
Исповедь брызжет молчанием,
Файлами сломленных лет.

Нет, не паду на колени ниц,
Не расплескаю мотив.
Партия с жизнью —
                последний блиц,
Мертвых фигур перелив...

Штрих-пунктир

ПЕРЕМЕНА

На эшафоте-простыне
От боли тело извивалось —
Чем растопить глубинный снег
Мне близких, что же в них осталось?

Сотни дежурных фраз на зов,
Душ пресность,
          холод сожалений нищих —
Был ко всему давно готов.
Но к этому?
             За что?
                     Кто взыщет?

Нет, не предвидел и не ждал —
Взорвалась истина из плена.
Дорога длинная —
                так жаль,
Уроки кончились,
           а думал — перемена.

ЯДРО

Ползущий вечер —
               вновь от лет усталый
Перевожу стон-взгляд
                 с обоев на венок
Ушедших нег — мечта моя распалась
Ядром исконности
              от тщетных внутрисклок.

Событий нет — переношу соблазны
На их могилу: цели —
             в стол, душа — навзрыд.
Листаю ночь — страниц уж нет не разных
Осталась горсть —
             стремлений мертвых стыд.

Уснул рассказ,
            обласканный успехом,
Разбив прогнозы
             памятью истратных дней:
Полет застыл
            на высшей точке смехом
Над прежних псевдосмыслом,
             чтоб упасть больней...

Штрих-пунктир

ВСТРЕЧА

С бронзовым загаром,
Под судьбы огнем,
Я встречаю старость —
Жизнь была, как сон.

Не вернуть успеха,
Не забыть невзгод.
Так ничтожно сделал —
А уже зовет.

Лучшую не встретил —
Лишь перебирал.
Множество отметин —
Зря их обижал.

Голову седую
В руки положил —
Жаль в свои: молю я,
Чтобы не остыл.

БРОСАНИЕ

Я бросил жить —
К чему метаться
Кругами, сцепленными с дном? —
Привычно смыть
Мотив, стреляться
С собою прежним: что потом?

Я начал жечь
Тропу обратно
Другими целями, людьми.
Застывший смерч
Души, распятой,
Соединил два лика тьмы.

Я выпил смех,
Которым прежде
Питал болезненность и слом
Втайне от всех,
Скользя к надежде
Разорванным обидой ртом.

Я бросил жить —
Ответить нечем
На лес укоров и причин.
Я бросил жить —
Застигнут вечным
Врасплох: последний такт —
Ненужный стих — пою один...

Штрих-пунктир

ОБРЯД

Уходит высохший закат
Отпетых грез —
Не вычесть слез.
Неисполняемый обряд:
В твой образ ненавистью врос.

Закрою плачущий сюжет —
Интриг нарыв,
Играя, смыв
Мечтаний преданный сонет
Прорезал ночь,
Вперед, в обрыв.

Заставлю веровать в полет,
Постичь удел
Тот, что не смел —
Раскрашен жертвенностью свод,
И с новой верой —
              ложь,
                  расстрел.

Степан Дуплий

НОЧЬ ИЗМЕНЫ

Открытая
На бесконечность ночь —
Земля притихла
Для измены —
Иному дню.
Всех мыслей бренных
И тяжких сцен —
Не превозмочь.

Далек рассвет —
Считать осталось
Жизни резиновых минут...
Капли дождя
По окнам бьют...
Души усталость...

Штрих-пунктир

ВОПРОСЫ

Вопросы рождают ответы,
Которых судить — не должно.
Зачем исходил всю планету?
За что — вновь один? — Суждено?...

Просторно —
   от дней пусто-бренных,
Противно — от липких ролей...
Откуда мне ждать перемены
Среди одинаковых дней?

Печальность отыгранной сцены,
Кулисы... Там разовость ждет...
Какие могилы — нетленны?
Которая мне подойдет?

Остаток несдержанной правды
Хохочет в лицо приговор.
Зачем продолжать себя травлю,
С собой нескончаемый спор?..

Вопросы рождают ответы,
Которых судить — не должно.
Так можно ль считать себя спетым?
Нет. Вижу и небо, и дно...

Степан Дуплий

НАДЕЖДА-ДОЧЬ

Плач. Стою у окна —
Изуверская тишина.
Сердца крик тает в ночь,
Исторгая надежду-дочь.

Время мстит за лже-роль:
Принимаю, но как сжечь ноль?
Телефон омертвел —
Будто близкими овдовел.

Ниц прошу вас не бить
Прошлым. Что ж мне навек остыть?
Крест несу в стон души.
Как не стратить? — Пиши, пиши...

Штрих-пунктир

ВСЕ

Кромешная тьма — иссохшие свечи
Заслоняют от бреда — сюжет,
Чужие тома.
Прощальные встречи
Разрывают на кванты — рассвет
Отторгнутых чувств,
Наполнивших смыслом
Предрешенность — мечтаний вслед.
Вновь к истине мчусь,
Пронизанный мыслью:
Предают в конце концов — все.

Степан Дуплий

ЖЕЛАНЬЯ

Ночь. Перестал желать желанья...
Сбоит компьютер. Вновь не сплю.
Изненавидев расставанья,
Встречаться чаще — не люблю.

Набрать ли номер произвольный?
Она ответит. И — придет.
Опять — привычное застолье
Игрой играет. Мимолет...

Куда — звонить?
Ведь я — здесь, дома.
Целую — на своем, родном.
Их крики, ласки — мне знакомы.
От них не веет холодком.

Прикрою формулами письма,
Чтоб не сойти от них с ума...
Давясь иллюзиями жизни,
Забуду прошлые тома...

Штрих-пунктир

ФЕОФАНИИ ДОЖДЬ

В Феофании дождь —
Избавляюсь от снега
Остывающих, прошлым
Отторгнутых лет.

Чем их смысл превозмочь,
Не устроив побега
От палитры злословий
Раскаянных «нет»?

Притихает струна,
Чтобы пережить снова
Ускользающий в ноль, дна
Избитый сюжет.

Как, не стратив, узнать,
Что без фальши готов я
К ненасытности уз? — Лесть
Рисует обет.

В Феофании дождь —
Нескончаемый берег
Спать уставшей надежды,
Несказанных слов.

В Феофании дождь —
Глубину не измерить
Пустотой своих прежних
Испитых долгов.

Степан Дуплий

ЗА ЧТО?

За что любить вас, ненаглядные? —
За наготу-лишь пустоту
И неприкаянность всеядности,
За извращенную мечту?
Порывы страсти
            шепчут низменность,
Глаза — предательством горят,
Игра в любовь,
           надрыв и призрачность
Желаний ненасытных — ад.

Все это муками
           изъезжено —
Вне примитива, но — сполна.
Интеллигентны собеседники...
Осталась недо-грусть одна.
Смолкает исповедь за всхлипами
Ночь растворяющего «что-ж» —
Прошу историю забытую
Остановить души грабеж...
За что ценить вас незабвенные? —
За приговор тому, кем был,
И близость с лезвиями-стенами? —
За то, что вовремя — остыл...

Штрих-пунктир

ВЕНОК

Возложу вины венок
             на псевдопрошлость,
Переставлю их портреты — в ночь.
Плеск отчаянья раскрашу в
                    невозможность
Превратить случайных встречных —
                         в дочь.

Они плачут скорбно о мирских
                         потерях
Удовольствий, нежности рабов.
Так устал душой витки спирали
                         мерить,
Злясь кровоподтеками долгов.

Не срезайте нить святой границы
                    в вечность —
Зов ее перерастает в пыл
Несвершенных целей:
             мучает беспечность
Предстоящих слов,
             в которых уже был.

Отойду от страсти зеркала —
                    на выстрел,
Успокою искренность
                    не той мечтой,
Спрячу брошенность
За первой пробой мысли,
Что расторгнут брак
             с челночною судьбой.

Степан Дуплий

ПОЛЕТ

Нет, все равно теперь не выжить —
К чему метаться среди них?
Останки совести бесстыжей
Мне никогда не усмирить.

Я не прощу себе измены,
Но кто ее определит?
Доказываем с криком, с пеной,
Что так имеем право быть.

Себя ласкаем без сомнений,
Оправдывая каждый шаг.
Но, кроме похоти и лени
Мы не имеем лучших благ.

Прощайте все, да будет мир вам —
В себе себя и вас узнал.
Я из страданий моря вырван —
Лечу к началу всех начал.

Штрих-пунктир

СОЛЕНЫЙ БЕРЕГ

Обниму соленый берег —
Запах ночи мне поверит,
Чтоб — собой.
Обойду углы молитвы
Царства вне-событий.
Липкий
Разнобой
Сна души исполоскаю
Искореженностью правил,
Чтоб уйти
От неискренности сцены
Псевдо-жизни, как подмены,
В крик прочти.

Степан Дуплий

СКОРО ВОЙНА

Скоро война! —
Чуть дышу на подушке из тлена.
Лжи семена —
Продолжают свой атомный взрыв.
Ниц страна,
Захлебнувшись вновь памяти спермой,
Молит узнать,
Когда будет изрезан нарыв.

Скоро война! —
Для кого — мониторы игривы.
Не спеленать
Воскрешений — кто избран в ковчег.
Не разогнать
Бесконечный ком
Смыслов блицкригом.
Скоро война! —
Коллапс чести, страданий и...
Новых ничтожеств набег...

Штрих-пунктир

ВАН-ГОГ

Бросков, ударов и улыбок жалких
Судьбы, друзей,
             любимых без любви,
Все испытал —
          и жизнь твоя пожалуй,
Была слишком далекая от них.

Но, что они: слепцы из бойни стада.
Ведь сколько не прощай,
            им просто не понять —
Твой дух-колосс
        страдал бесперестанно,
Чтобы они смогли
          взлет будущему дать.

Степан Дуплий

ЭКСТЕРН

Жизнь — экстерном,
Смерть — лишь раз,
Радость — скверным,
Юность — в час.

Стою — на краю
Лжи и не-сна.
Смою в ночь —
         полюблю
Все, что вырвалось
         «над».

Штрих-пунктир

РИСУНОК

Насмехается прошлость над будущим,
Растворяются дымом кресты,
Смыслы каются в камере ужасов,
Долг застыл у последней черты.

Вновь бреду по окраинам светлости,
Повторяя молитву во сне,
Пью беду, чтоб рисунок отпетости
Набросать на истошной стене.

Поколения срезаны скальпелем
Перемен, обагренных виной —
Истирается времени калькою
Мглы рисунок над псевдостраной.

Перекрашу отчаянье в ненависть,
Разомну на палитре зла миг,
Слов распутье усею изменами
Тех, кто знал, но ростков не постиг.

Превратясь в отпечаток внеличностный
На стреле бесконечности в ноль,
Извлеку из рисунка звезд искренность
И вернусь в надоевшую роль...

Степан Дуплий

БРОЖУ ПО АСФАЛЬТУ

Непрерывная связь безучастностей
Разрастается, как снежный ком.
Вновь брожу по асфальту ненастностей,
Прорываясь в бездушье пером.

Разыгралась на линии времени
Тривиальность событий и дней.
Перестал ощущать их движение,
Превратил память в груду камней.

Крепнет гордость — потерями вскормлена,
Открываются дали из грез,
Расстаются надежды с истомленным,
Превращается в бренность вопрос.

Закрываю тетрадь-испечаленность,
Отраженье загубленных лет.
Вновь брожу по асфальту... Отчаянность
Прорывается в то, чего нет...

Штрих-пунктир

УКРАСТЬ ТЕБЯ

Мне б украсть
Тебя
Из лжи логова,
Белой скатертью
Стол
Накрыть.
Низшим впроголодь,
В сто умноженных
Крат
Восторгами ласк,
Гордостью
Прикасаний лиц
Обнажить...

Степан Дуплий

ЯНВАРЬ

Усильем воли существую,
Добра не жду и не даю.
О днях былых я не тоскую,
А настоящих — не люблю.

Я перенес все передряги,
В любой личине побывал.
С себя не смыть
                останков грязи
Когда-то так ее желал.

Мне всем не нужных
                    наставлений
Так надоело раздавать,
Надеяться на чудо, верить,
Что не разрушу все опять.

Но от себя уйти —
                непросто,
Пытался столько раз —
                  все зря.
Отжил с трудом
            у жизни осень —
Недалеко до января.

Штрих-пунктир

ИСТОК

Жаль — в толпе одинок,
В одиночестве — весел.
Изождавшийся срок
У безумья ждет свет.

Где у жизни флагшток?
Знамена в поднебесье?
Смех — такой же исток.
И — не в тот зал билет.

Опостылевший взгляд
Колокольные звоны...
Усмехаясь, стоят
В изголовии сны...

Безысходностей ряд
Обреченность — не тронут.
Надоевший обряд —
Не моей не-вины.

Степан Дуплий

КВАНТОВАНИЕ

    Наше время
    Квантуется
    Песнями,
    Наша леность
    Бунтуется
    Встречами —
Переливами душ не заполнены
Унисоном поющие сны.

    Ускользают
    Восторги
    За тенями,
    Что вонзают
    В ничто
    Кванты времени,
Меж обидами в нас
               прорастает роль:
Друг лишь другу мы
              будто нужны.

    Безразличье —
    Изменам
    Оправданным,
    Предсказанье —
    На стену сверхразума.
    Нескончаемость нег,
             уходящих в ноль,
За долги получаем долги.

Штрих-пунктир

Извращенье —
Не-чувствам
Обношенным,
Воскрешенье —
Лукавствам,
Разбросанным
По безумной пустыне
            бозонов-слов —
Они живы мной, как не беги.

Степан Дуплий

НЕЖНЫЕ ЦЕПИ

На нежных ненавистных цепях
Усталых чувств, формальных ласк
Налет наивности — в ней дети,
Которым тоже не до нас.

Не нами преданы идеи —
Пусть обрастают тиной лжи.
Но даже правнуки посмеют
Лишь до бесчестия дожить.

Неабсолютность незаконов,
Обманных связей лес из рук,
Поющих прошлого каноны,
Чтоб в краску кровь,
Кладбище — в луг.

Жаль, нет ненужных остановок —
Болезни лечат, гладя — бьют,
И поворотов, будто новых,
Бледнея ждем — надежд приют.

Штрих-пунктир

ПРИЗМА

Желаний — нет: чего изволить хуже.
Из призмы свет струится,
                      ночь любя.
Квадратный склеп —
              вновь творчеством простужен
Душой ослеп, над строками скорбя.

Роскошный рой
                  привычных притязаний —
Займу собой, чтоб им
                  не дать уснуть.
Закрыл пустой сосуд
                  былых мечтаний.
Прошу — не скрой
             в девятый круг неблизкий путь.

Раскрою ларь
                  заплеванных стремлений,
Умножу старь на непрожитых лет
Восторг, уняв
                  безумье представлений,
Всех излистав —
                никем не был согрет.

Проникну в лист сквозь примитивность воли.
Ласкает бриз — сомнений и потерь,
Застывших статуй —
                  горькое застолье,
Обломки времени,
                 в открытость дверь...

Степан Дуплий

МОЙ РАССВЕТ

Укради меня в ночь у безумия,
О! Мой Бог! Разорись, уведи
Вдоль ростков бесконечности —
                       в сумерки,
В разноцветную времени высь.

Не спасти перезвон не-раскаяньем,
Не истратить того, что не знал,
Как сберечь от предела.
Несказанность
Умолю не шептать мне финал.

Мой рассвет
              вновь бредет мимо линии,
Предначертанной всуе судьбой
По раскраденным снам и идиллиям:
Мой рассвет —
              с одинокой звездой...

Штрих-пунктир

МЕСТОИМЕНИЕ

Облагороженная нечисть
Мглы замок строит на пустом,
Иссушенная человечность
Парит над куполом с крестом,
Растрачивая осторожность
Чтобы предательством сверстать
Забвением — расхожим
Местоимением рискуя стать.

Степан Дуплий

АИСТ

Остыл. Никто не ждет. Не лжет.
Ни ты. Ни та. Ни остальные.
Судьбы раскаявшийся дождь
Цветы завет — еще живые.

Любить наш смысл тайком от всех,
Не тем в постелях отдаваясь,
Все ж будешь, призрачный успех
Превознося... Пел смерти аист...

Штрих-пунктир

СИАМСКИЕ МЕЧТАНЬЯ

Разрывом исполосовавши
Вены страсти,
Ты нежишься,
Ласкаешься
Ненастьем
Слов слез
И настороженности
Злой — постой,
Не обрекай,
Ложь смой, создай
Неискалеченность
Сверхожиданья —
Знай, наши
Сиамские мечтанья
Больны друг другом,
Неразрывностью
И сном.

ФЕОФАНИИ НОЧЬ

За окном две птицы
Кричали в мой смысл —
Ныл разрез-полонез.
Я вышагивал стон —
Бесконечный восторгом балкон.

Не успею напиться,
Сосуд не открыть
Из мечты,
Чтобы стыть,
Им тепло возвращать:
Безучастной ранимости гладь.

За окном две птицы
Рвали в клочья жизнь,
Обнажив
Словом — жив.
Феофании ночь
Болью разума тает.
Лик — прочь!

Ускользает палитра —
В надежде смять лист
Нарывной души. Стой,
Не истрачивай взгляд
В пустоту — там долги
В ожидании жертвы стоят.

Штрих-пунктир

МЕТАМОРФОЗЫ

В крик не хочу,
         чтоб ты была волчицей,
Которая, хоть сколько не корми,
Все смотрит в лес,
         временную сытость
Изгложет,
      будто вечные иных долги.

В плач не хочу,
         чтоб ты была собакой,
Насильно преданной и верной,
                но не мне,
А внешним силам
         и условностям невнятным,
Которым зримого предела
              не было и нет.

Мечтаю, чтоб ты стала настоящей,
Творящей, чувствующей,
             верящей в себя
И в наш мотив, обоих нас молящий
Его испеть, друг друга,
         а не наслаждения любя.

Степан Дуплий

НА ВОЛОСКЕ ОТ ЖИЗНИ

Да, знал, что не уйду,
           как остальные —
Слеза блестит из нежности и зла.
Судьбы объятия, глаза —
              ими живые —
Не позволяют спеть
              безумные слова.

Туманность с газом открываю,
Как в последний
Незажигаемый желанный раз:
На волоске от жизни —
             тот звонок в передней
Отодвигает исполнение — на час.

Опять — резиновый
                пустынный вечер:
Что дал мне час и сколько
                выкрал лет? —
Когда любить и плакать
                больше нечем,
Умножь повтором внутренний сонет.

Штрих-пунктир

НИМБ

Простим друг другу все, что было
Не с нами, не для нас — во сне.
Тобой кричащие чернила
Рисуют розы на вине.

Забудем плотские обманы,
Прикроем истовой хулой
Стремлений вдаль,
              в острог нирваны
Взаимосмысла быть собой.

Спрошу я миг, за что безумье
Нанизывает нас на трость
Перерожденья. Прах из урны
Любви разнес незваный гость,

Простор отпетости, по ветру
Сомнений. Слепо верю в нимб,
Расшитый целями из пепла
Больных надежд...
Разрез...Ночь...Бинт...

Степан Дуплий

ЗВЕЗДЫ

Звезды — названы,
                мифы — раздавлены:
Укутываюсь лже-правдою.
Ускользаю,
            рассветом израненный —
Слезы — высохли,
                дети — раскрадены.

Смыслы — смазаны,
                боги — отравлены:
Проникаю в ничто фразою.
Прошлым — предан,
            на будущем — целей даль.
Все, что было —
                не то, но не жаль.

Штрих-пунктир

ПОКРОЮ НЕЖНОСТЬЮ

Маме...

Покрою нежностью
Могилу свежую — твою.
Поле безбрежное
Крестов обрезанных —
Люблю.

Сорву нетронутый
Бурьян со стонами: «Прости».
Согрею сон собой и шепотом:
«Постой. — Да. Жди».

ПРИЧАЛ

Как в зеркало праздности, суеты,
Гляжусь в уходящих лиц эликсир.
Настоящая ты для меня — не-ты,
Настоящий мир
        для меня —
                    не-мир.

Рисуя ветрами ранимость и стыд,
От них избавляюсь, не зная, зачем.
Забыв о потерях — и снова открыт.
Растратив любимых,
            повергнут —
                  никем.

Лишая сюжет ожидаемых слов,
Постигнув историй конец с их начал,
Не стану жалеть о потере оков.
Вновь жду неизвестность.
            Луну.
              Ночь...
                  Причал...

Штрих-пунктир

БЬЮСЬ ПРОШЛЫМ

Бьюсь в истерике прошлым —
Только в нем была сласть.
Невод счастья заброшу
В море снов, чтобы страсть
Родилась из разлива
Неразобранных лет —
В них забуду тоскливость
Искалеченных нег.

Превращу смех в страданье —
Надоевший сюжет.
Бесконечных желаний
Исполнений — на нет.
Обновляю палитру
Непрочитанных слов,
Чтоб раскрасить обитель
Предстоящих долгов.

Степан Дуплий

ЗАСТЕНКИ

Застенки искренности —
Ночь украшают и зовут.
Но стань ты личностью,
Чтобы растаять, молча,
В них — пусть лгут.

Надежды проблесками
Успокоюсь — плачу, ниц прошу.
Созвездий фресками,
Чтоб одиноким — плыть,
Укрою суть.

Штрих-пунктир

БУДУЩЕГО ХРАМ

Жду, и нет греха в том,
Цели, чтоб забыть —
Листьев желтость радует
За окном любви.

Лаской припорошенный
Новых чувств покров
Дал не уничтожить мне
Безразличья снов.

В тихой искренной мольбе —
Будущего храм,
«Нет» — солгу
           не той судьбе
И не тем словам.

Степан Дуплий

БРЕД

Я бредил детством после юности,
Не знал, куда бежать, где жить.
Действительность
               грозила скудностью,
Пытаясь лестью отравить.

Отвергнув сотни верных мизеров,
Вистуя честную игру,
Разбрасываясь maxi-жизнями,
Постиг, что есть успеха спрут.

Но где долина бесконечная,
Что выводил из формул сна?
И лишь отстойник внутригрешности
Ласкал и нежил тенью дна.

Переиначенные истины,
Не отражайте недо-мир.
Отстреливаясь детства листьями
От одиночества рапир,
Исчерчиваю холст отчаяньем,
В крик растворенной суетой:
Душа усталая, покаяна,
Надрывно шепчет: «Будь с мечтой».

КУПЛЕТ

Бросками — сыт,
Скитаниями — полон.
Утерян образ, пыль в окне.
Тоской — знобит,
Чужим — измолот,
Чтобы познать не-смысл извне.

Порыв — угас,
Крестами склеив
Неизрасходованность снов.
Прощу — на раз,
Скажу аллеям
Судьбы: достаточно ростков.

Где ствол, где рост,
Где отторженье
Непрекращающихся «нет»?
Изрезав лоск,
Прочту моленьем
Жизнь завершающий куплет...

Степан Дуплий

БЕЗ ТЕБЯ

Без тебя — нет причины жить.
Без тебя — смываются звезды
Криком соленых слез.
Без тебя — не пытаюсь раскрыть
Женственный ларь,
Окропленный алтарь.

Без тебя — остывает мой миг,
Без тебя — теряются цели
Пустотою незрелых ласк.
Без тебя — не ищу судьбы нить:
Срезана — вдоль,
Жрет толпа-моль.

Без тебя — наш мир не испить.
Без тебя — забор из ночей
Прикрывает истину дней.
Без тебя — остается «быть»,
А не боль унять, очнуться, встать.
Без тебя — нет причины жить...

Штрих-пунктир

НЕ РАЗБЕЙ

Нас любовью заклинаю,
Ниц прошу тебя — не лги.
Стала милою родная —
Дай нам выжить — помоги.

Склею заново характер —
Вдаль безропотно возьму,
На тот берег, пусть несладкий,
Проплывем сквозь страх и тьму.

Внутритраты и лишенья
Обернулись бы добром,
Когда б ты в души сомненьях
Не разбила страсти дом.

Степан Дуплий

ДИАЛОГ ЧЕРЕЗ ОКНО ВАГОНА

«Где ты, скажи мне?» —
«Иду вновь к тебе».
«Так исстрадался...» —
«Отдайся беде».

«Но почему же
В нас верю опять?» —
«Спи, будет хуже».
«Когда это ждать?» —

«Может быть завтра,
Сегодня, вчера».
«Что же надежда?» —
«В любви нет добра...»

Штрих-пунктир

СТРОКА

Ты — строка моя,
Горстка символов.
Ты — стена в не-я,
Вновь — прости меня.

Файл сна байтами
Излучает свет,
Прерываемый
Стоном тех, что нет.

В крик прочту слезу
Их отчаянья,
Отведу грозу
Внутримаянья.

На экран в ничто
Положу свой крест,
Пережду восторг,
Переставлю текст.

Ты — строка моя,
Горстка символов.
Ты — стена в не-я,
Вновь — прости меня...

Степан Дуплий

СПЛИН

Тяжело, здесь просто тяжело
Память липкую театром успокоить.
Тяжело, здесь просто тяжело
Умертвить, чтоб сохранить живое.

Не понять, нам просто не понять,
Почему судьба постыдно плачет.
Не понять, нам просто не понять,
Можно жить лишь так, чтобы — иначе.

Не уйти, мне просто не уйти
От седин, от времени, от стужи.
Не уйти, мне просто не уйти
От себя, который им не нужен.

Штрих-пунктир

ПОВЕРХНОСТИ

Сморщенные усталости
От жизни, любви, общения.
Недосчитываюсь оставшихся —
Они мелочней, их все менее.

Сросшиеся поверхности
Безупречности и невежества —
Блестят...
Вкрадчивые признания
О несуществующих скитаниях —
Знобят...

Проваливаюсь в бесконечное,
Проницательностью размахивая.
Перемножающиеся вечности
Неисполнимыми грозят страхами.

Прижизненные погрешности
Размазывают безнежности —
По льду...
Неиссякаемость варварства
Прошлому мстит ударами —
Уйду...

Степан Дуплий

ЛИСТЬЯ

От грусти листья свернуты —
Заглядывают в комнату,
Мне шепотом надорванным
Зачеркивают жизнь.

Как зверь — мечусь в истерике,
Лишь стенам — все доверие,
Желаньям неумеренным
Кричу: «Поберегись!»

Издергивают внутренность,
Они дерзят, зовут к тебе —
Не счесть причин надуманных
Увидеть, позвонить.

Укроюсь невозможностью
Приблизить наше прошлое —
За грустью перекошенным
Лицом — останусь жить.

Штрих-пунктир

БРОСИТЬСЯ ВНИЗ

Броситься вниз —
Никому не желаю.
С пеной у рта — не докажешь себе:
Мерзкая жизнь,
Грязь, в пороках, дрянная,
Стоит тех сил, чтоб ее приберечь?

Женские крики...
И плач о погибшем...
Чудятся мне в тишине сладких грез.
Сотни безликих
Образов низких —
Не прекращают
                словесный износ.

Не побоюсь — встать,
Уйти безвозвратно.
Скрещенный натиск судьбы —
                      мне сдержать.
Знаю, те — вспомнят,
Что смертью превратной
Им не заставить мой след умирать!

Степан Дуплий

ЗВОНОК В ПРОШЛОЕ

Не звоните в прошлое:
Там — застывшие статуи чувств.
Не звоните в прошлое:
Лишь дрожат веки памяти — в хруст.

Ничего хорошего
Пусть не ждет на свободе от сна:
Лжи фасад ухоженный
Уведет взгляд на миг со дна.

Парик лет изношенный
Колет иглами дней глаза:
Не звоните в прошлое,
Чтоб над будущим крест узнать.

Штрих-пунктир

ПОБЕГ

Я люблю тебя
До глубинных спазм,
Мой желанный яд,
Мой души оргазм.

Беспокойных прядь
Дней-годов, что — врозь.
Чтоб нас не терять,
В тебя болью врос.

Ослепленных нег
Двух сверхновых звезд —
В глубину побег
Двух сердец, как роз.

Степан Дуплий

ЗАМОК ТЕНЕЙ

Нужна ль кому ты изнутри?
Сколько использованных судеб
Из будто значимых ушли
В небытие никчемных буден?

Море действительных измен
Себе, другим без сожалений
Сокрыто искренностью. С кем
Была хоть раз вся откровенной?

Принудив душу отбирать
Чужих эмоций, чувств, не зная,
Что путь наверх един — создать
Свой дух лишь можно отдавая.

Жди на обломках падших дней,
Прожитых не туда, не с теми,
Мираж твой — замок из теней
Двух: настоящесть, совершенность.

Штрих-пунктир

ДУША

Душа,
Прозрачная от боли,
Затихла
У обрыва лет —
Чуть спит.
Долгов
Безумное застолье —
В крик жалит,
Обнажает,
Стон — допит.
О, нет,
Не бил,
Не предавал!

Их смысл,
Разлитый по мотивам,
Смеется
Над убогим:
«Ночь — нежна».
Вновь смыл
Слезу, застывшую от силы
Предвиденья,
Зажег
Лучом со дна.
О, да.
Отнекиваясь,
Ждал...

Степан Дуплий

ПРИВЕТ-ЗДРАВСТВУЙ

Дрожащие губы,
Немея от страсти,
Обнял в крик своими...
«Привет»,
А ты — «Здравствуй».
И — все замолчало,
Весь мир их — исчез.
Влекущие дали —
Глаз нежных разрез.

Воздушное тело —
Полет прикасанья,
Взорвалось, зарделось —
Святое созданье.
Нет, слов нам не надо,
Пусть слог — совершенен.
Слияния радость —
Инстинкты заменит.

Штрих-пунктир

ИЗМЕНЫ

Измены все твои
Измучить могут очень,
Но, если цену им,
Как страсти, назначать.

Не стоят жалкие
И двух незримых точек
На линии любви,
Которую нам удалось начать.

Степан Дуплий

ОЧИЩЕНИЕ

Веков созвучия
Взывают муками —
На эшафот себя.
Оставив ненависть,
Врываюсь в белый лист —
Всюду мой свет и я.

Черты учения
В мечтах-сомнениях —
Постигну ль истину?
Извиноваченность
Не теми тратами
Ту жизнь — за грош: ко дну.

Молитва стелется
К родному берегу
Наперекор страстям.
Стремлений звездами,
Ласками-розгами
Очищу взор — чтоб сам.

Штрих-пунктир

ПРИЗНАНИЕ

В ноль растворяю
                в душах посторонних
Последний всплеск
              приевшихся надежд,
Не в рифму говор,
            как из преисподней,
Нестройный слог.
            Устал среди невежд.

Мои друзья — свобода и дорога —
Не заменяют тех, о ком,
              смеясь, пою:
Любимых женщин,
            нежности немного,
Подаренной на миг. Пусть.
            Всех — люблю.

Дома из детства, готика, машины —
Все это не мое, не их, не здесь.
Оно не стоит стона без причины,
Не урезонивает ожидания чудес.

И наконец, признание открылось —
Я рад тому, что, как уехавшие, не сказал:
"Будь проклят мир, который мне все дал,
            в котором, плача, вырос".
Нет, я — не их актер,
            и Брайтон — не мой зал.

Степан Дуплий

ЛУНА

Глаза у луны — карие:
Так ждал тебя вечер и ночь,
Исследуя прошлости марево,
Пытаясь его превозмочь.

Слеза неземным веяла,
Пройдясь в судьбы притон,
Уродуя принцип склеивать
Восторг из кричащих сторон.

Продрог на чужих улицах,
Растратив заряд жить,
Измучен мотив-сумрачность,
Простил, новый грех смыть.

Создал из былой нежности
Твой образ, мольбой смыв,
Останки больных лет постичь
Давно уже — нет сил.

Тобою вновь обесточенный,
Избрал без торгов с дном
Профессию-боль — одиночество,
Чтоб вовремя сжечь том.

Штрих-пунктир

ТРОН

Воздух — чист,
Я задыхаюсь.
Полон — стол,
Душа — пуста.
В белый лист,
Крича, бросаюсь.
Спетым — зол,
Другим — не стать.

Призрак дней,
Проросших в старость,
Чертит круг
Девятый мне.
Жду — скорей
Смыть, что осталось
От ничтожных,
Слов камней.

Брошен меч —
Перед судьбою.
Вздохов лет —
Уже не счесть.
Праздность, встреч
Пустых застолье.
Трон — согрет,
Но я — не здесь...

Степан Дуплий

РАЗМЫШЛЕНИЯ

Исторгаю ненависть
В корзину для страсти.
Их чужая преданность —
Залит псевдосчастьем.

Ускользаю в жертвенность
Заброшенной мести,
Растворяю целей кость —
Растраченной честью.

Постигаю лестей нош,
Наигранность смыслов —
Принимаю жизни грош,
Умерши сном быстрым.

Проникаю мыслью в крик —
В украденных лет звон,
Повторяю страсти миг —
Раздавленным детством.

Раздражаю истовость —
Попытками бред смыть,
Намекаю в искренность
Забыть нежных нег быт.

Прерываю слет-парад
Бессмысленных мифов,
Закрываю ставни в град
Свершений без рифов.

Штрих-пунктир

ПРЯДЬ

Расчесываю километров прядь:
Закат, рассвет — все из окна вагона.
Любимых цвет уже не разобрать
Из бесконечной
                трубки крика-телефона.

Я перестал исступленно мечтать:
Лишь формулы,
                компьютер, письма...
Всегда со мной —
                души двуликая тетрадь.
Будто живой: хотелось,
                чтоб совсем не лишний.

В душе я прежним столько — был,
Они, теряя связь, остались,
Сменив взаимность, чистоту и пыл
На корысть ласк, порок и зависть.

Ну что ж — теперь мне все равно,
Который крест,
                упреков сколько будет.
Зашториваю пустотой окно,
Чтоб не заметить тех,
                пред кем я неподсуден.

Степан Дуплий

ТЕЛО

О, тело,
Ненадежный щит
От нещадящих всплесков жизни.
Душа остыла — будто спит,
Мои стремленья поглотит
И возведет надгробье укоризны.

О, смыслы,
Исторгающие ложь!
Не прикрывайте наготы узора
Безликости себя. Когда поймешь,
Что перенес очередной грабеж,
Судьба опять грозит
                целей позором.

Остыть
И раздели полет
Исторгнутости, неземной не-страсти,
Не утони, там новый поворот,
Укрась их жертвенностью свод,
Чтобы проникнуть в них
Нерастворимым счастьем.

Штрих-пунктир

МОТИВЫ ЛЕТ

Мерцающие облака —
Застыли
В предожиданьи бешеных картин.
Судьбы невинная рука —
Прости мне.
Все предсказанья — чушь.
                        Уйду — один.
Просроченные платежи —
Не тают
В недонебесье низменных страстей.
Цветы восторга, не дожив,
Ласкают
Простором ненависти
                        недопетых дней.
Уставший взгляд — померк. Шаги —
Исчезли
За горизонтом бесконечных "что ж..."
Разрыв с разрывом — крест. Изгиб
Всех "если..."
Рисует ноль — очередной грабеж.
Заставлю не заметить — смех
На плахе
Потусторонних целей и побед.
Высь одиночества — побег
Вне страха
По нескончаемым мотивам лет.

Степан Дуплий

СВИДАНЬЕ

Вновь назначаю
              прошлому свиданье,
В несчетный раз
              изолганный толпой,
Сном оправданий,
Греясь неустанно
Над смертью
            нарисованной судьбой.

Смысл, на котором
             держится пространство
Моей души, пытаюсь превозмочь,
Бьюсь в жизни танце —
Их протуберанцы
Рассеивают ненависти ночь.

Пью надоевший чуждости напиток,
Прозрачный, лет
             разбавленный кольцом.
Крик поглотится
Близостью — испитость
Прикрою искореженным
                слезой листом.

Штрих-пунктир

ШТОРЫ В МОЛОДОСТЬ

Без передышки ночь
Завесами
Теней
Теряет голову —
Я с ней.
Беспамятством
Не превозмочь
Событий
Норова.

Отредактировать
Собор
Затихнувший,
Чуть дребезжащих слов —
Уже нет времени
Ствола.
Светящиеся
Купола
Задергивает
Шторы
В молодость.

Степан Дуплий

РАЗРОЗНЕННЫЕ МЫСЛИ

Разорванный любимыми на части
Не предлагаю им того, что не дано.
Иссохши, спит моя душа —
                          с ненастьем
Безвременности, без поэм — одной.

Она — распалась:
                  духом, словом, телом.
Ей по инерции пишу, чтоб не забыть
Палитру спетых дней,
                    почти все — в белом.
Удобный цвет: встречать,
                        молить и хоронить...

Они, как раньше,
                значимостью и не блистали:
Теперь давно уже средь них она...
Не различаю лиц за негою печали.
Но — лишь бы сын и дочь
                        смогли меня узнать
До пошлой сцены
                "погребенья папы",
"Оплакивая" чужеземный гроб...
Да, "жизнь прошлась,
                    как мишка косолапый"
По всем стремленьям,
                    "не оставляя проб".

Штрих-пунктир

И вот — звоню... туда, где нет ответа,
Опять грез — всплеск:
                тепло детей, родных..
Что ж, в поезд времени
           сел без обратного билета —
Не утешенье, что его нет у иных.

Закрою окна прошлости,
                      чтобы не дуло
Гримасным ветром будущих потерь:
Им не из чего вычитать... Уснула
Душа с ненастьем...
               Приоткрывши дверь...

ЗАПОЙ

Вращаясь на безженственной постели,
О них зря вспоминал.
Меня — хотели:
В ответ, как будто в стол
Всепоглощающий писал.

Раскаиваясь несвершенными грехами,
Я уходил в души запой
Опять — стихами,
Чтоб не попасть на эшафот —
На внутренний покой.

Ни обернуться, чтоб понять их цели,
Ни уколоться в грех,
Ни лечь — не смел я,
Пока играется костлявая, смеясь.

Приберегу от них для истины — провалы,
Истраченности след.
До слез устал я
Кричать в немой подвал — им сны,
Которых — будто нет.

Штрих-пунктир

МОЛИТВА

Господи!
Спрячь меня от печали.
Господи!
Не давай те видеть сны.

Что же мне
Начинать жизнь сначала?
Как же ты
Допустил плач глубины?

Господи!
Скажи, где хранишь мечты?
Ложными
Неужто были цели здесь?

Господи!
Ответь без обиды, кто же ты?
Может быть
Я все время кричу себе?..

Степан Дуплий

МЕРТВАЯ МАМА

Я с тобой,
Как с живой —
Говорю,
Как молчу —
И никто нам не смеет мешать.

Я верну,
Пусть одну,
Но без лжи
Свою жизнь,
Чтоб тебе, не боясь, рассказать.

Как упал,
Как стонал,
Хоть тонул,
Не свернул
С той дороги, шептала что мне.

Себя бить,
Чтобы жить,
Не кричать,
Зубы сжать —
Не припрятать от истины свет.

Я лечу —
Страшно чуть,
Что — один,
Чуждый — сгинь:
До конца буду верным тебе.

Штрих-пунктир

Ноль не брать
И не ждать,
Что сожжет
Меня сброд —
Тебя нет, но ты есть во мне — свет.

Степан Дуплий

УДАР

В момент острейшего
И настоящего интима
И близости двух душ
Неразделимых
Сильнее ложь всего
Разит и бьет
Того, который лжет.

Штрих-пунктир

ПОЛНОЛУНЬЕ

Я брел по небу к лику полнолунья,
Изнемогая от несказанности сна
Души, изнеженной
                  распятием безумья
Взаимокрика понимания. Узнать
Длину луча отторгнутости следа
Не развращенной
                 осторожностью мечты —
И все, и слезы
             перестанут лить надежде:
Перелопачу псевдосмыслы,
                    чтоб остыть.
Я брел по небу к лику полнолунья:
        Звезда — звала,
        Любовь — сожглась,
        Могилы власть —
        Свое брала.
        Когда? — Не знал
        И с грустью спал,
И брел по небу к стону полнолунья.

Степан Дуплий

ЛИК

Нацелен лик на свет,
Умножен спад на скорость
Дыхания — согрет
    Отжитым сладким днем.
Кричащих капель блеск,
Рисующих узоры
На дне морщин — их плеск
    Листает жизни том.

Программа бытия,
Составленная наспех,
Сбоит, как бы глумясь
    Над теми, кто забыт.
В сомнениях листвы,
Затоптанной в лет распрях
Неискренной молвы.
    И вот — окно. Знобит.

Прокручиваю фильм —
Сливаюсь с ним без боли.
Он сетует:"Остынь,
    Еще не все ушли".
Но вот уж — титров след
Исчез. Смеясь, пошел я
За ними. Лик. Портрет.
    Истасканных слов штиль...

Штрих-пунктир

БРОДВЕЙ

Где вы, безумные радости ветры?
Где пыл восторгов,
                печалей, страстей?
В судеб нелепость
Божественный трепет
Замуровали — душевный бродвей.

Чьей звезды коллапс
                в дыру черни тянет?
Чей анти-крик
                дрожью выси объят?
Кто в ничто канет,
Когда перестанет
Мысли стирать
            слов нечестных разряд?

Чем перерезать
                нить прошлого, странность?
Чем заменить сути искренний свет?
В печь неустанность,
Подпаивать давность
Смыслом исконным,
                    которого нет?..

Степан Дуплий

ПРОСТОР

Простор
Заносчивых иносказаний.
Вновь торг —
С собой, с толпой — мечтами.
Прогноз —
Красивым ободом раскрашен.
Морг роз —
Забытый частокол из башен
Любви,
Не подготовленной к изменам.
Долги —
Рисуют свастику на стенах.
Испил —
Неотвратимость близкой платы.
Простил,
Чтобы уснуть невидимо распятым.

Штрих-пунктир

ЗАМЕНА

Найдешь ли в ком-нибудь замену
Хотя б одной моей черте? —
Их стонет много, но не те,
Не те придут, чтоб не то делать.

От недочувств и недоласк,
От недопетых страсти песен
Душа вдохнет последний спас —
Мой стих, зовущий в поднебесье.

ПЬЮ ПРОСТРАНСТВО

Вновь пью,
Кривясь,
Пространство без тебя
И жду,
Когда,
Измучив
Память злости,
Твой
Исслезившийся мечтою
Взгляд
Родит слагаемость,
Нули отбросив.

Укрой нас
Пледом страсти,
Не застынь
В ночи искусственности,
Пятясь к зареву
Изнеможенности.
Меня — вторую кисть прими,
Чтоб третьим стать моим
Сна суперполушарием.

Штрих-пунктир

БЕРЕГ БРЕДА

Изрезан берег бреда
Забвеньем смыслов.
               Грешность
Прощу, чтоб — в ночь долги.
Изнежусь в красках линий
Ограбленных идиллий —
Забуду страсти крик.

Исполню предсказанья,
Приму ее лобзанье —
Украшу склеп тоской.
Не страшен слом надежды —
Прочту крик-стих им прежде,
Чем обрету покой.

Нарисованные бесконечности
На столе
        из теней
                скрежещут —
Жизнь
   пройденным
        плещется:
В ней — эхо непознанной бездны.

Степан Дурлий

ИЛЛЮЗИЯ

Беженцы сострадания —
Срезана нить над пропастью.
Прошлое вдоль раскроено:
Тянется рядом
Робостью,
Перерастает в стон
Намертво замурованных
В стену больную времени.
Сладость
Грез раскормленных,
Гордость пустым,
Истомленность
Двигателей-желаний
В прах.
Иллюзия-утешенье,
Радость молекул
Несвязанных,
Что из пылинок, пахнущих
Гарью предательств и подлостей,
Сложит ветер случайности
Инициалы на дне...

Штрих-пунктир

ПОЛЕТ ПОНЯТИЙ

Задымлен иней,
Схватки жизненности —
Настойчив стук,
Но двери где? —
Неуспокоенностью истинности
Найду обет.
И праведность
Не взыщет ласковости —
Она не здесь.
Вонзает в ночь
Душа с опасливостью
Разбуженности свет.
Полет понятий
Дышит замкнутостью
Ростков-минут.
С рассветом
На ничто раскладывается
Вектор успеха — зуд.
И в компонентах — смех
Зализывает раны
Искренности,
Наивность лет
Пронизывает
Эхом низменности.
Пойми себя — и сгинь,
Чтоб выжить — в них.

Степан Дуплий

КОСТЬ СУДЬБЕ

Бросаю кость судьбе,
Чтобы пустила в город
Безудержности. Клеть
Пытаюсь приоткрыть
В мир извращенных снов,
Уняв покой и гордость.
Останови канон
Безумья. Все — забыть!
Разбей на капли боль
Истомленности духа,
Истрать пустую роль,
Что жизнью назвалась.
Из бесконечья снов
Сотки плед выси — мудрость,
Чтоб не столкнуть миг в строф
Забвения.
Их власть
Закороти на слабость
Уныния.
Возьми меня:
Смерть — в радость.
Усни — в награду,
Чтоб стать — не стадом.
Изнежив псевдо-страсть,
Застынь мой крик —
Последний зов:
Потусторонний взгляд...

Штрих-пунктир

ОДИНОЧЕСТВО

Одиночество — высь образующее,
Одиночество — чтобы собой.
Бесконечностью дымкое будущее,
Беспощадности липкая боль.

От объятий его недосказанных
Нет спасенья, гарантий, нет сил.
Видеть в целях, годами размазанных,
Смысл себя, пока в них не остыл.

Степан Дуплий

ОСТЫВАНИЕ

Я так хочу остыть
              от одиночества,
А вы соблазны мне приносите в сердцах.
Себя готовлю к облучению сверхтворчеством,
Глаза слепят
              заколки флирта в волосах.

Я бью тревогу
              о потерянности времени —
Мне предлагают нищенства кредит.
Как не очнуться просто разуверенным,
Как не истратить
              дух на сон и быт?

Не исторгайте
              запах вседозволенности,
Не растворяйте сексом тень, не зная чью.
Исколесив дна бесконечье совести,
Я просто всех
              по-старому люблю.

Штрих-пунктир

РАЗРЫВ

Разрывом исполосовавши
Вены страсти,
Ты нежишься,
Ласкаешься
Ненастьем
Слов слез
И настороженности
Злой —
Постой,
Не обрекай,
Ложь смой,
Создай
Неискалеченность
Сверхожиданья —
Знай,
Наши
Сиамские мечтанья
Больны друг другом,
Неразрывностью
И сном.

ДУЭТ

Наш бег друг в друга безутешен,
Упреков полон, жаден, нежен —
Ревнуя, ждем.
Лишь ненасытностью окрашен
Искомый берег — жизни нашей
В дуэт споем.

Разгул мечтаний — осторожен,
Если не он, то кто поможет
Достичь себя?
Предательства ласкаю раны —
Манят в блестящие капканы,
Чтоб в хруст обнять.

Молю я: важно не стать нам
Животрепещущей сталью.
       Богиня слез!
       Сотки из роз
Ковер исконности,
            судьбы,
                  благословления.

Штрих-пунктир

ЛЮБОВНИК

Всего твой рядовой, одинокий,
Счастливый — любовник...
Причиняя в крик боль,
Вновь себе наслаждения — льешь.

Истязать ночь не стану:
Псевдовыбор — за что мне? —
Соберу на дне силы
Обнять деву-ложь...

ВЗГЛЯД

Твой взгляд,
Скользящий по другим.
Мой сон —
Опять? —
Да, с ним.
Уход в себя? —
Наив!
Ты жив? —
Да, жил:
Молил,
Мечтал и стыл.

Сугроб
Из неисполненных ролей.
Сто сцен —
Нет ни одной моей.
Ложь стен? —
Покой.
Спиной —
И в ночь.
Несдержанный
Взгляд твой.

Штрих-пунктир

ТЫ

Изметался по душам подкошенным,
Избежал всем желанных оков,
Зря искал в стоне слов невозможного
Сочетанья несбыточных снов.

На тебя годы жизни истрачены,
Для тебя у мечты рвал цветки,
Чтобы тех настоящая значимость
Родилась: твоей сути мазки.

Степан Дуплий

ТРИ КЛАДБИЩА

Горит законченность,
Мысль растворяется —
К себе не снизойти со дна.
Прощай восторженный
Мир, изголяющийся
Постыдной преданностью у окна
Мечты нетронутой —
Кладбища-комнаты
Влекут любовью, детством и родным.
Их озабоченность.
Высь одиночества —
Мне позволяет расстелить, как дым
Нерасставания,
Не тех лобзания
Не успевают обагрить мой след.
Бужу сознание
О них листанием,
Чтоб вновь не слышать
Будничный ответ:
  Жизнь —
         многомерное
                 кладбище
С правом выхода лишь туда
Из липкой
        бесконечности
                 коридора
Кричащей одинарки-одиночки,
Тонко связанной с миром нитями
Изощренных
        стихоформул
                души.

Штрих-пунктир

ЖИВ

В бреду отпетости
Зажгу нелепостью
Весь мир,
Который совершенства
Ищет,
Порой неистощимость
Брызжет,
Больной старик могилой глаз
Безумье обнимает —
Он знает, знает, знает...
Отвергнутость,
Палитру изготовив
Из черноты сплошной
И боли, спешит.
О! Тоньше кисть —
Ведь жив.

Степан Дуплий

НЕ ЗАМЕТИЛ

Я старость не заметил —
Не просят, не звонят.
Мои родные дети
Своих приводят в сад.

Бежать устал, а память
Пустым нельзя стереть.
Событий нет — с годами
Душе — и не болеть.

Себя обдал я прошлым,
Но боль не унялась:
Резиновые ночи,
Холодная кровать...

Штрих-пунктир

ЛИВЕНЬ

За окном — ливень,
Внутри — снег.
Мой выбор:
Тебе — грех.

За спиной — выстрел,
Измен — сноп.
Край — близок:
Наив — стоп.

На столе — список
Мирских дел,
Всплеск мыслей:
Сонет — спел.

За окном — ливень,
Внутри — снег...

Степан Дуплий

МЕЧТА

Оторвись от своей книги,
Отвернись от суеты —
Так хочу, чтоб настоящей —
Стала ты.

Не живи одним лишь мигом,
Не бросай свою мечту.
Сердцем чувствую, что ждешь ты —
И я жду.

Жду твоей свободы новой,
Чтоб начать судьбу сначала —
Ведь осталось нам еще
Немало.

Подави бессилья стоны,
Не пренебрегай святой.
Слишком дорого обходится —
Покой...

Штрих-пунктир

В ГОРОДЕ

В диком городе,
Страстью вспоротом,
Чище гордым быть,
Чем искормленным.

В ночь-изменницу —
Куда денешься?
Душу тени жмут,
Правят целями.

Знать предел себе —
Обхохочешься.
И не той судьбе
Плюнуть хочется.

Узнавай скорей,
Стоит жить-нежить?
Наглых ряд нолей
Прорастает в стыд...

Степан Дуплий

ДОГАДКА

Забрезжил свет,
Что не уйду
Безрезультатно, нет.
Сокрою крест —
Мой смысл отпет
Слоями преданных,
Разлитых лет.

Согрею стон,
Извиноваченный
Мирскими тратами —
Их звон
Грех оглушил раскатами,
Догадкою сражен:
Он иль не он?..

Штрих-пунктир

ЗАМРИ ВОСТОРЖЕННОСТЬ

Замри восторженность,
Растаяв смысл —
Жуть уничтоженных
На горсть живых.
Оскал недремлющей,
Укор святых,
В больную землю я
Вонзаю миг.

Извиноваченность
Поглотит крик,
А жизнь — истрачена,
Уже — старик.
Лицо откроется
В последний раз
Молитвой смоется
Все, что припас.

Степан Дуплий

СТРАНИЦЫ КЛАССИКОВ

Злой брожу
По страницам классиков —
Страшно чуть
От порывов гаснущих.
Чтобы чуть посветлей
Доживал миг, своей
Прорезаю их мудрости — с жадностью.

Извожу
Неповинных сотни строк,
Молча жду
Столь конечный данный мне срок.
Притаившись, не стой
У него за спиной —
От себя не спасет ни ложь, ни Бог.

Штрих-пунктир

НОЧЬ ОДИНОЧЕСТВА

Брошенный в ночь
  Одиночества,
    Пересиливая
      Свою истовость,
         Успокоенную
       Неустроенность,
   Изнутри
  Обойду
Как беду.

Степан Дуплий

ОБЕСКОНЕЧИВАНИЕ

Обесконечив неизбежность,
Безропотно узнав о дне,
Когда успешность,
Будто грешность —
Предстанет девственностью мне,
Обеспокою недостойность,
Проникну в прошлое до слез
Души прибоем,
Скрасив болью,
Чтоб не рождать из жизни слет
Непреднамеренности сытой,
Неуспокоенности злой,
Приму молитвой,
Страсти бритвой —
Тот мир, что не объял собой.

Штрих-пунктир

ТУМАННОСТЬ ВЕЧЕРА

Туманность вечера —
Зашла и ждет...
Кричу, гоню,
Тщусь — незачем...
Из мыслей черных
Замок возведет,
Перелопатит прошлость,
Светлое — уймет,
Погладит нимб,
Изнежит сон.
Остановись,
Молебный звон —
Иду, иду за свечами...

Степан Дуплий

ВНУТРЕННИЕ МИРЫ

Два мира есть внутри у нас —
Мир удовольствий и желаний.
Внезапно в крик меня потряс
Мир глубины — святой и странный.

В него открыт путь не для всех —
Бренные в первом пролистают
Не-жизнь, искусственный успех.
Имея грех — душа пустая.

Советов, как сей мир постичь —
Бессмысленная гроздь раздумий.
Внечеловечный скрытый смысл
Ждет, не смеясь — полет в безумье.

Штрих-пунктир

ТЕЛЕФОН

Испорчен телефон —
Односторонний холод.
Мой мир — как микрофон,
В разрыв стремится миг.

Озвучивать поклон?
Не той душой измолот —
В чуть дребезжащий стон,
И бесконечный лик...

Степан Дуплий

ОЗНОБ

Вновь очнусь,
                разрисованный горечью
Безутешности — чтобы не сжечь
Бесполезностью мысленный
                      город свой,
Попытаюсь собой пренебречь.

Оторву от безгрешности ненависть,
Расквитаюсь со всеми, кто лгал,
В ткани чувств заплету
Вдохновенья нить,
Чтоб никто больше не целовал.

Отойду от окна для разбега лишь.
Обниму, чтобы крепче забыть,
Не узнаю, по ком годы слезы лил.
Умираете? — Просто знобит.

Штрих-пунктир

ЧУЖАЯ

Что ж ты снова стала такой чужой —
Пусть ласки те же и тот же крик.
«Ее берегла для тебя, смешной,
Пиши, белый лист» — и снова жил.

Отбросив мысли, ревностей кашель,
Из преданных чувств обрезав боль,
Залил желанием весь мир наш.
«Да, муж приехал» — ответ простой.

Степан Дуплий

ТОЧКА

Я жил тобой,
Пытаясь ложью —
Прощений слой
Меж нами смог
Свить невозможность
Наше ложе —
И в крик с мечтой,
В свой склеп-острог.
Что ж, вижу здесь
Мой путь не нужен —
Расклею спесь
По лицам слов.
Толпой простужен —
В рост пред худшим.
Отвергну лесть —
Царицу снов.
Изнемогать
От страсти звуков
Устал. Где взять
Залог из лет?
Любви губ чуждых,
Нежных, глупых
Не оторвать
От мертвых нег.
Закончен след
Из хруста ребер
Прозрений — бред
Окрасил миг.
Слепых подобий
Ряд надгробий —
Зияет свет
Из точки в стих...

Штрих-пунктир

ПТИЦЫ

Залетных птиц
Больные оперенья
В стон целовал.
Ее оскал — дремал.
Коленом — ниц:
Души ненужные творенья
Им рассыпал.

Зачем? — Не знал,
Но ждал... Безумный смысл
Ненужного успенья
Перемолил.
Остыл,
Полета ввысь
Не будет — в утешенье
Прикрою пыл:
Укор не в счет.
Я — был...

Степан Дуплий

РАДИАЦИЯ

Чернобылю, 1986

Воздух —
Слепящий поток радиации.
Гложешь —
И жизнь икс-лучами стирается.
Нет!
Не хочу распадаться на атомы!
Может туда? —
Безупречно зажаты мы.

Тишь и спокойствие:
«Что вы, не бойтесь вы...»
Чем же измерить все?
Детского лепета,
Сущности трепета
Верой в «рад» степени
Не обойти —
Так с кого же спросить?..

Штрих-пунктир

ЦЕЛЬ

Безумно счастлив — одиночество.
К чему стремился в крик — того достиг.
Покоя ноль обнять — не хочется,
Смысл жизни — творчеством возник.

Он — не в работе и не в женах,
Не в детях, и не в должностях:
В движеньи духа — все к иному,
А смертные — пускай простят.

Степан Дуплий

ОЖИТЬ

Ожить — не сном,
Дойти — со смехом,
Исчувствоваться — не бедой.
Постичь разлом,
Сто грамм успеха
Не заливать похвал водой.

Потратить — все,
Познать, так сущность,
Исколесив нутро культур.
Чтоб из ничто
Извлечь созвучье,
Сыграть последний с жизнью тур.

Штрих-пунктир

ЗРИТЕЛЬНЫЙ ЗАЛ

Всех перебрал —
И что же? —
Зрительный зал
Нарочно
Все чувства
В пересмешник превращал.
Иллюзий бал
Восторгом
Жизнь предавал,
Отторгнув
Залетной вечности
Пространством замкнутый оскал.

Исколесив
Все грани,
Сложив из сил,
Мечтаний
Как-будто обновленный пыл,
Перемолил
Страданья,
Перекусил
Желанья,
Чтоб незаметный крик мой
В будущем застыл.

Степан Дуплий

ПУСТОЙ ВАГОН

Вагон — пустой. Молюсь. Пишу.
Ты — за окном.
Не вижу — знаю.
Ушла — он ждет, постель согрев.
Слезу — в перо.
Брак — презираю.
Церковный звон.
Голубизна
Стен — наш обряд,
Они — смеялись.
Постой. Не спи, не предрешен
Исход мечты —
Сном отрезвляюсь.
Истошен крик. Сплетен клубок —
Пролей тепла,
Не дай иссохнуть.
Они пройдут, тебя сменив —
Жить как и где,
В сердцах которых?
Одышка лет смеется в плед —
Ей нипочем
Больные нервы.
Оскал — готов. Но лишь объект
Сжимает смех
Растратой верной.
Замолен грех — и снова в путь.
Они — простят,
Когда отпросишь.
Прогнозы бед летят на зов
Отжитых чувств,
В которых — осень...

Штрих-пунктир

ЦВЕТЫ

Цветы забвения,
Соприкасаясь, пели
Смысл воскрешения.
Утрачивая цели,
Мотивы искренной,
Разгромленной мечты
Смели сок жизненный,
Чтоб эхом пустоты —
Растаять в стон.

Броском — к безбрежности
Неодиночья клети,
Ползком — от нежностей
Отравленных столетий,
Болезням совести —
Душ внутренний простор.
Покрытый грустью стих —
Им памятник-укор:
Облучен сном.

Степан Дуплий

УСТАЛОСТЬ

Жить устал я —
Отрезать непросто.
Пыль осталась —
Судьбы не понять.

Часто кажется —
Времени осень,
Часто хочется —
Не умирать...

Штрих-пунктир

ПЛАТА ЗА ПЛАЧ

Когда человеку платят
За то, что он плачет,
   Плачет он или смеется
     Над глупостью кошельков?
Если платят поэту,
Торгующему светом
   Души своей, льется
     Который, пока нет долгов.
Что ж из него слепят
Красные мятые деньги? —
   Дом, красивый снаружи,
     Лжив и пуст — за дверьми.
Как не предать рифму,
Совесть, ростки жизни?
   Жду, когда будет разбужен
     Внутренний мир глубины.

Степан Дуплий

СТРЕМЛЕНИЙ ПОХОРОНКИ

Не счесть долгов
Растраченного мига —
Из лепестков
Наивности
Родился
Пригоризонтный свет.
Где берег? —
Ночь...
Кто верен? —
Прочь...
Загадочности спид,
Желаний стыд,
Истомленная грусть —
Боюсь...
На днище лет —
Стремлений
Похоронки...

Штрих-пунктир

ИСТОРИЯ ЛЮБВИ

Что ей давал — она брала,
Не пропуская мимо
Ни полуслова — в стон слагал
Из тлена — лик любимой.

Но — возвращала смысл назад
Во внутренних ударах,
Крутила прежних, всех подряд,
Стать дамой — не пыталась.

Да, женщине долг получать
Нет разницы, откуда.
Она-то знает, где предать.
Кто платит, с тем и будет.

И платят — чувствами, собой.
Жестокая наивность —
Им объяснять по ним же боль,
Надеясь на взаимность.

Нет, сдерживать мечтой не стану
Ни слез, ни криков, что пел зря.
Сложно — любил, просто — обманут.
Нет счастья высшего — терять...

Степан Дуплий

УСПЕНИЕ

Мирских страстей
Недевственность ломает
Гладь псевдо-дней,
Залеченных мечтой.
Убогий свет
Порог ничто лобзает.

Покоя нет —
Покрою склеп росой
Надежды. Злость
Избавит от безумья,
Впиваюсь в гроздь
Ушедших нег и снов.

Прервать полет
Заставит полнолунье
Ненужных лет,
Чтобы до дна
Испить
Сверхсмысл
Успения:
Готов...

Штрих-пунктир

ШАР

Изорван разноцветный шар —
Как юность — встарь.
Душа ушедшего
Не просит.
Плачет, что же? —
Мороз по коже.
Ночь псевдо-жизни
Время косит,
Мой смысл уносит
На предсказуемое ложе,
Чтоб крик умножить,
След умножить...
Боже... Боже... Боже...

Степан Дуплий

НЕНАВИСТЬ

Отставлю ненависть от грусти,
Испеленаюсь в перезвон
Пустынных лет — кому здесь нужен
Размытый в память страсти склон?

Усталый взгляд в себя бросаю,
Перезачеркиваю суть —
Какие цели обласкают,
Дадут еще хоть раз вдохнуть?

Заклеен миг в могилу мигов —
Им тошно, и живут они
Лишь в тех,
Кто верит, что для них был
И первый, и последний миг.

Штрих-пунктир

КРУГИ

Не слышать бы души
Наивных песнопений,
Им белый саван сшить
Из похоти и лени,
Объять себя нуждой
Невысказанной сути,
Пренебрегать хулой
Пустопорожних будней,
Ударить по лицу,
Меняющему маски,
Страх подавить, уснуть
На временных соблазнах.
Ответить? Перед кем?
Вокруг больны типажем
Презрения, в ноль стен
Истратив сонный разум.
Уродуя перо,
Поддакивая нищи,
В неотвратимый стол,
Который ими брызжет,
Несутся не скорбя,
Не требуя отсрочки —
Безумие родят
Спасительные строчки...

НИТЬ

Изгиб нити
Судьбы —
Удар скользит
О быт.
О! Бог мой,
Не лови
На слове
Искреннем
Любви,
Не стой
Над изголовием
Не-жизни.
Раскрой
На ночь глаза —
Устал давать
Низам
Последний
Луч — как джаз,
Как творчества экстаз.
Заставлю
Пятна
Смыть —
Обид,
Успокоением
Бесстыдной
Укоризны.
Кричу — молюсь,
День-ужас — жду:
Вновь измывается —
Забвением упьюсь...

Штрих-пунктир

НОСТАЛЬГИЯ

В миг покончить со мной,
Тщетно, ожесточенно
Все пыталась — зачем?
Так упорно — зачем?
Но теперь: я — другой,
Я почти обновленный,
Мой рассудок — не здесь,
Впрочем, больше — нигде...

Ты дрожишь — быта память,
Руку жмешь — пусто все.
Сверхжеланий где след?
И простых нет желаний:
Их, тебя там оставил —
За стеной прежних лет.

Что ж, мой след не вини,
Я так сыт эйфорией.
Ты осталась все та же
И живешь прежним мной.
Те далекие дни,
Что больны ностальгией,
Не тревожь.
Я — не тот,
Я — ничей
Но не твой.

Степан Дуплий

ОСИРОТЕВШИЙ ВЗГЛЯД

Осиротевший взгляд
От клятв —
Лгала.
Любви умершей сад —
Спою дотла.
То был разбег? —
По кругу...
Решетка лет
Раскладывает свет — в цвета.
Спасибо за услугу.

Полет — озноб,
Умоюсь — слом,
Ударов прошлого
Флагшток — насквозь.
С ненужной рифмой жизни —
Одиночной камерой сна — врозь.

Лишь образ
Неприкосновенный —
Псевдонаркоз.
Вот выключатель —
Поворот...
И миг размазан
        по очередной
                пустой вселенной.

Штрих-пунктир

ОЖИДАНИЕ

Ни друзей, ни подруг —
Ожидаю тебя.
А ты пьешь, и целуешься — с ними.
Наши песни — забыла.
Наших слов — не понять.
Что ж, непросто нам было —
Прости мне.

Вновь — себя потерял,
Растворившись в судьбе,
Измечтал ночь —
О дне настоящем.
К двойной белой звезде
Затоптала наш след,
Замела — мести жестом изящным.

Степан Дуплий

НЕ УМЕЮ

Жаль, не умею возвращаться —
Которых нет, зачем искать?
В трейлерах прошлого копаться,
Свой фильм рискуя потерять?

Нет, не забыл, неблагодарный.
Я — просто там, где титров нет.
В кольце реальности бездарной,
А в зале — затухает свет.

ГОРИЗОНТ

Изорван горизонт,
Распятие — кольцом.
Не слышу пения —
Осенняя
Любовь-содом
Переиначивает сон.
Окна размыл
Не тем лицом.
Их плен —
Мой счастья морг,
Усопший
В изморози
Из мечты
Стремлений виноградник.
Секундный дым
Мой взгляд оплёл седым,
Напоминая запахом,
Ненужным вспахан был
Не-целей пыл.
Истомленный
Последним
Сном
Непрошенных
Ненужных слов
Моей души
Призрачный всадник.

Степан Дуплий

ИЗМЕНЫ С МУЖЕМ

Вновь здесь — твои
Измены с мужем:
И голос — тих, и — плачет телефон.
Всего — звонишь, как я ни нужен...
Да — виноваты оба мы,
                 да — общий стон.

Вновь бедствую
              нечестными звонками,
Из слез наивных сложен горький стих.
Они мне — все,
           что связывает с нами —
Двойной спиралью нас
                   постиг.

Отверженность —
                 жестокая расплата,
Рисует по живому в крик,
                   души косарь.
Укроюсь одиночества закатом,
Упьюсь мечтой,
             чтоб не унизить старь.

Штрих-пунктир

ОБЪЯТИЯ ЖИЗНИ

Хохочущая жизнь
Прячет в объятиях
Своих —
Мой свет,
Подбрасывая в сказку лет,
Уже чужих,
От исковерканной души
Болеточащие куски-отнятия.

О, нет,
Молитва сладкая и слепота
Не возвернет их в зов:
Стрела-убийца времени —
Лишь в плюс.
Давно
Хотелось крикнуть «Да!»
В мечты ненужной ров.

Теперь мне все равно —
Остаток убывающий
Перетерплю,
Истомленный,
Проникнувший,
Убеленный,
Растаявший...

Степан Дуплий

СМЕРТЬ

Когда под сенью лет,
Как снегом лес укутав,
Сгибает ветви чувств
Ушедших нег покров,
Измучивает слух
Исчезновенье звука
Прикосновенья той,
Что знал без лишних слов.

Она тянула нерв,
Смеясь, дерзила в проседь,
Не спрашивала жертв,
А просто их брала,
Миг не остановил
Ее безумный профиль —
Чтоб истину постичь,
Разрушить все могла.

Затормозить покой
Истомленности сытой,
Обезобразив быт
Причинами не-сна,
Сложив из красок-душ
На жизненной палитре
Неповторимый крик:
Так жаль, что лишь одна!

Штрих-пунктир

КОМ

Слепну от снов-пожарищ,
Сломленных лет и целей,
Крепну от слова «старость»
И разминаю ком
Вскормленных пеной стада
Пресных души изделий,
Чтобы насытить адом
Жизни истлевший том.

Выпью привычный запах
Трупов-долгов, свершений,
Сжатых в роскошных лапах
Лгущей в лицо судьбы.
Выну остаток страха,
Корень залью сомненьем,
Чтобы осыпать прахом
Путь в никуда — и быть...

Степан Дуплий

ПОСТОЙ

Безумье — в плач,
Надрывье — вскачь
По леднику
Остывших губ.

Ночь сном во сне
Дразнящих нег
Наперебой
Манит бедой.

Не назову
Ролей молву
Совсем чужой —
Ничто, постой!

Штрих-пунктир

ОКРАИНА ДЕТСТВА

Сна восторгом упьюсь
В тридцать три наконец-то,
Вне защит окажусь —
На окраине детства.

Безысходность принять —
И свое уже прожил.
Чем истошней кричать,
Тем скорей уничтожить
Себя в будущем дне.
Жизни лоск настоящей
Чтоб покинуть, не смей
Быть пустым, лишь блестящим.

Степан Дуплий

РОЗЫГРЫШ

В ночь слышен
Огрубевший голос
Неисполняемой мечты.
Ее ненужные штрихи —
Рисуют колос.
Хор графоманов —
Брызжет злом.
Мой крик —
Не рифм дна свалка,
И не размеров жалких
Избитых —
Стихотворный дом.

Я пью себя,
Пьянея болью,
В них исторгаю
Смысл того,
Зачем я был
Здесь так,
Чтобы истратить роли,
Зачем плыл не туда
И греб не тем веслом? —
Да, просто жил...
Молил...
И стыл,
Разыгрывая слом.

Штрих-пунктир

ПУТЬ В ПРОШЛОЕ

Отрезан путь
И в прошлое — ни шагу.
Оно — колодец тьмы,
Где дно поет — ничем.
Остынь достоинства
Разорванная жизнью падаль,
Затми завесой дымною
Бессовестность
                    семейных сцен.

В стране печали
Время годы вяжет
Из нитей хлипких нервов,
Тоненьких ростков любви.
И вот уже —
Холст чернью напомажен.
А те, кто будто
Правду знали, где? —
                    Ушли.

Останьтесь на мгновенье
В письмах желтых
И в фотографиях настенных,
Что часы.
О, грешники,
И все, кто зол был,
Хотя бы там
Найдите сил —
                    простить.

Степан Дуплий

ЖИЗНЬ

Моления восторгом не насытился —
И сник.
Что же успел? —
Старик
Рассеян безысходностью.
Неуспокоенность,
Сонм разума царит —
Не там.

Внечеловеческая нежность —
Не луч.
Ответь, кто здесь? —
Безбрежность
Болезненных оков.
О, жрица снов —
Окатывает с головы до ног
Кошмаром —
Любительница безутешных
И безответных трупов —
Жизнь!

Штрих-пунктир

ЗАСТОЛЬЕ ОДИНОЧЕСТВА

Пыл зимовал —
Во мне мечта гнала.
Куда? —
Не знал.
Она отсчитывала —
Я считал.
И — не сошлось...
И злость,
Изнежась
Песнопениями страсти,
Зажав оскал,
Неслась.
Там вечный бал,
Смердящий,
Оргии ласк,
Застолье одиночества
И спас.

Степан Дуплий

СТУПАЛ БЕЗОГЛЯДНО

Ступал безоглядно,
Но время — злорадно.
Ошибок предвзятость
Грозилась будить
Удушенный газом
Забвения разум,
И сердце, и радость.

Чтоб смыслы испить,
Скрывал безнадежность
За скорость и сложность,
Платил оброк — гордость,
Пытался уйти
В пир иносказаний,
Избитый лобзаньем
Успеха, сознаньем
Прямого пути.

Отведайте мир мой!
Услышьте мой стих! — Зной
Эмоций постиг, боль —
Во мгле не до сна.
Изменчивость свергнет
Порывы надежды,
Казалось безбрежной,
Мечталась — без дна.

Штрих-пунктир

ОБУГЛИВШИЙСЯ НИМБ

Обуглившийся нимб
Обнял неабсолютный смысл —
Насквозь.
Придуманный покой
Дерзил, метал — за слоем слой:
В душ — злость.
И предназначенность лилась
В ничто.
Порока власть —
Восторг.
Законченность брела
По стону лет.
Потерей сласть —
В укор.

Степан Дуплий

КЛЕЙМО

На уходящих вдаль
Клейма не ставлю — негде.
Их жизнью
Полированный грааль
Касает нежно.
Надеюсь, жду,
Себя измучиваю — сплю.

Да,
Те они давно исчезли —
Хохот, плеск:
Молчит эфирный ветер
Времени.
И злит
Наигранность мечты,
Поет печаль...

Штрих-пунктир

КОСА ВРЕМЕНИ

О, времени коса,
Остановись.
Обманутось ничто,
Направленного ввысь —
Замри,
Чтоб сниться
Будущим себе,
Чтоб знать,
Что не растаял след,
Что не успел —
Себе солгать.

О, мудрости богиня —
Старость,
Пойми меня
В копиях лишних слов —
Шипах падежных роз,
Прибереги
Мой смысл за радость
Непредсказуемых шагов
За горизонт,
За звон
Пустой —
Тех, что придут.
А мне?
Что мне? —
Готов...

Степан Дуплий

БАСТУЕТ НЕЖНОСТЬ

Бастует нежность —
Плед наброшненный
Из нежелтеющей травы
Усталых лет,
Бокалов россыпи —
Их, полных чувств.
Лишь память —
Досыта,
Незасыпающие сны...

Штрих-пунктир

ПРОЩАНИЕ

Подхожу к изголовью
Непокорной судьбы —
Распрощаться с любовью,
Чтоб ее не забыть.

Грустно спетые песни
В чреве жизни скрывать
И сады родных женщин
Из души умножать.

На истлевших обломках
Захороненных дел
Оставляю потомкам
Бесконечный предел.

Степан Дуплий

ТРИДЦАТЬ ТРИ

После грёз — в тридцать три
От толпы отойти
Решено, суетятся пусть сами.
Мелких чувств и забот,
Быта невпроворот,
Дел полно — жаль, что места нет главным.

От завистливых слов,
От интима оков —
Без утрат свободы не будет.
С уничтоженным — слит.
Бесконечности лик —
Пусть поглотит мой смысл — и погубит.

Штрих-пунктир

СТРЕЛА

Мечтаний высшие порывы
Неприкасаемо храним.
Вдруг ты сказала: "Полно, милый..." —
Напрочь забыл их терпкий дым.

За примитивностью интима,
В надежде радость получить,
Теряем смыслы, цели, силы,
Внутренний мир — в конце лишь быт.

Куда направлен страсти ветер? —
Сметает искренних с пути.
За это мы пред кем в ответе?
Стрелу где истины найти?..

Степан Дуплий

БЕЛЫЙ СТИХ

Лист бумаги,
Нотный стан,
Срок немалый
Был мне дан.
Но — усталый
И босой,
С тростью алой —
Слил с борьбой
Время сути
И ничто:
Неразлучен —
Месть оков.
Быть любимым? —
А мечта?
Их покину,
Что отдать?
Отстреляться?
Отойти? —
Нем остался
Белый стих...

Штрих-пунктир

ШУМ ДОЖДЯ

Шум дождя, незащищенность,
Неистраченность ночей...
Как с подъема видно склоны,
Так в конце — себя видней.

Не нарушив изначальность,
Не увидишь ее крест.
Оглянись на погребальный,
В красном свете рока перст.

Отвратимость — не помеха,
Безысходность — не простит.
Неохваченность успехом
Лет остаток осветит.

Степан Дуплий

ЖДУ ВСЮ

Жду от тебя —
     не милостыню —
Безоговорочно —
       всю.
Закрытость,
    расчет, неискренность
Не стану корить —
       прощу.

Жду ко мне —
     страсть и жадность,
Образ —
     разделишь со мной.
Времени-то
      осталось...
Сколько же можно —
       одной?

Штрих-пунктир

ДОЖДИ

Пошли дожди —
Любимых нет...
Звонков —
Не жди...
Стрелу
Отжитых лет
Не повернуть назад.
Истошно корчась,
Падая,
Вставая —
Рад...

Степан Дуплий

БОЙ

Я не скрывал себя от боли,
Отчаиваться — не любил.
В тени души нашел раздолье,
Источник долгожданных сил.

Отжитых лет туман безумный —
В долгах захлебываюсь им
Лишь иногда. Порывов шумных
Не слышно больше — стал другим.

Вокруг коллапс, пойду, вбирая,
Без компромиссов пред собой,
Воздвигну мир иной, то зная,
Что беспощаден будет бой.

Штрих-пунктир

РОК

Резиновый
Несносный вечер...
Один...
И рок орет во всю.
Злом
Захлебнувшаяся
Встреча —
Опять не та,
Опять — бешусь.

Недоревновывая,
Плачу,
Пытаясь вновь
Не допустить
Вопрос извечный:
Жить иначе?
Так может:
Жить или не жить?

Степан Дуплий

ПЕРЕМНОЖЕНИЕ

О! Нет!
Ничтожность
Не перемножай
Со мной.

Усталый,
Злой —
В ночь
Истину
Раздал.

Стынь
Жалость
Искренности,
Чтоб растаять —
В боль...

Штрих-пунктир

ЛИШЬ БЫ

Вечер восторженный
И не суровый...
Боль успокоилась...
Жажда по новой
Душу гнетет...

Грустью заброшенный
День грезит снова...
Целью изношенной,
К смерти готовой...
Из года в год...

Что изменять себя
Беспрестанно
Внешне, свой дух щадя...
Только обманно
Будто растешь...

Силы со дна собрать,
Плюнуть на раны,
Суть до конца познать —
Пусть буду странным...
Лишь бы — не ложь...

Степан Дуплий

ПОЙМИ

Побудь со мной,
Когда уйду —
Им не звони,
Себя не трогай.
Давно остывшую беду
Оставь за времени порогом.

Сомнений липкий рой
И стыд,
И недосказанные мысли
Не разорвут
Наш лист —
Пойми,
Слиянье — здесь,
Но путь — неблизкий.

Штрих-пунктир

СТЕПНОЙ

Одинокий, степной,
                        изувеченный,
Постигая судьбы
                        бесконечности,
Вновь — кричу,
                 чтоб услышать безмолвие
Притяженья
                 вселенского холода.

Им отбросив
                    мирские потребности,
Ниц готов
                зову вечности следовать,
Средь камней, слез,
                      безнравственной сырости,
Древо, розу —
                  живыми чтоб вырастить.

Степан Дуплий

ПРОСТО ЖИТЬ

Да черт с мечтой, с годами:
И все прошло, и все прошли.
Мои друзья — перо и память —
Невозразимым обожглись.

Лже-смех растерянно-натянут,
Псевдо-веселье — гложет честь.
Любить восход — не перестану:
Пусть прошлое готовит месть.

Сожмусь, приму, лицо открою,
Позволю лестью отравить,
Чтобы искромсанную совесть,
Их счет — забыть,
И просто жить,
И просто, просто жить...

Штрих-пунктир

ПОДАРОК

Зря искал глубины —
Надавали пощечин.
Обнимаю лишь сны —
Чтоб распластанно ждать.

И на тех, что любил,
Как на белых полотнах
Мелом жизни картин
Пустотой не создать.

Они пьяно дрались
За бездарные цели —
С ними падали вниз,
Мне проклятья крича.

Так, за мелкой борьбой,
Потеряв, что имели,
Подарили мне боль,
Чтобы я не молчал.

Степан Дуплий

КОВАРСТВО

Да будь же, как все — коварной,
Изворачивайся и лги.
В этом женщины смысл и главность,
Цель и радости — за долги.

Задорных дней бросить о стену
Из ничто оправданий, злых слов.
Нет, не в моде порока смиренность:
Пустотой пустоту — до краев.

Штрих-пунктир

ПОЭЗИЯ

Поэзия, за жизнь задаток,
Оставь мой дух, пока здесь жив,
Не превращай в пустой звон, пыль
Души проигранной остаток.

Не стоит вечностью манить,
Неверной славой приправляя.
Твои услады — кто не знает?
Дай просто выжить, просто жить.

Нет, не прошу я исцелений,
Смешно не быть — эмоций дном.
Лишь бью челом я об одном —
Не растворяй внутри вселенной.

Степан Дуплий

НУЖЕН

Зачеркивая годы
В листке календаря,
Они терпели роды
У вместебытия.

Издергивая нервы
О мелочность, душ пыль,
Как будто — чувства первые,
И прошлых — нет могил.

Надеждой на списанье
Расторгнутых счетов
Неслись перед глазами
Открытки городов.

А — вечерами с мужем
В удобную постель
Она ложилась. «Нужен,
Ты мне всегда, поверь...»

Штрих-пунктир

НА ГРЕБНЕ

Жалость ускользает
Из моей судьбы —
Внутренним решаю,
Обладать иль быть?
    Обстоятельств море,
    Всех причин — не счесть,
    Чтобы из простора
    Жизни — сделать клеть
Из почти любимых,
Из ненужных дел.
Бесконечным сдвинут
Личностный предел.
    С низменным — простился,
    Ждать их — перестал,
    Тем, кто чувствам-листьям
    Прорасти не дал,
Отпустил без криков
Грех, без лишних слов.
К будто очевидным
Истинам — пришел.
    Устоять на гребне
    Волн из глубины
    Мне помогут — вера,
    Космос, дух... и сны.

Степан Дуплий

ПРОДОЛЖАТЬ

И — жизнь прошла,
И — солнце село:
Напиться всласть? —
А что же делать?

Нет, с нетерпеньем
Обреченно — жду его опять,
Чтоб на колени молча встать,
Искусанные губы сжать —
И продолжать бежать...
И продолжать...

Штрих-пунктир

ДЕТСКИЙ АЛЬБОМ

Все чаще листаю
Свой
        детский альбом,
Счастья
        альбом...

И падаю
        в прошлое
Не
        по спирали,
А —
        по прямой...

Давно нет людей тех,
Вот я — ухожу.
Искусственным смехом
Мечту не бужу.

Все чаще листаю
Свой
        детский альбом,
Счастья
        альбом...

Степан Дуплий

МАСТЕРСКАЯ

Пустынно-бездыханны стены,
Пространство — незнакомостью
Смиренно,
В котором — нет тебя.
Святых картин измяты рамы,
Кистей забытых — ряд,
И красок жизни нераскрытых,
Неточенных карандашей
Десятки
Объяты паутиной
Неотлюбивших дней.

Чувств — нет...
И сил нет рисовать —
Листами чистыми
Убелим прошлого кровать.
Что сделано, то смазано
Причинами...
Мечтания — прогнать.
И — спать,
Уже безбольно — спать...

Штрих-пунктир

УМНОЖИТЬ

Испепеленный
И босой,
Извиноваченный,
Но все же —
В крик не устану
Звать с собой,
Чтоб не сложить нас,
А — умножить.

Степан Дуплий

ИНТИМ С НАУКОЙ

Поздно жалеть, что — опоздал,
На тщетное себя меняя
В надежде получить высокий бал
По внешнему — мой мир никто не знает.

Желание тепла и ласки
Стремило в ноль все лишние из лет,
Пока проникся, что напрасно
Не принял истинный обет:

Займись к концу собой самим,
Пожертвуй праздностью, желаньями,
                              их скукой,
Пойми, с кем нужен истинный интим? —
Не только с женщиной... — интим с наукой.

Штрих-пунктир

РЯДЫ

Годы летят,
А настоящего — все меньше.
Эмоций низших ад,
Ряды исплаканных
Любимых-ненавистных
Женщин —
У изголовья
В одиночестве стоят.
Вот весь ваш яд —
И снова не испить его,
И годы — не вернуть назад...

Степан Дуплий

ЖЕНЩИНА

Нет,
Не устал
Тебя ласкать:
И ждать,
И спать,
И увядать
Нам — вместе.
Почти
Списал —
Мечтаний власть,
Чтоб сметь,
Беречь,
Обесконечить —
Ту женщину,
Что краской жизни
Так истово
Исписана,
Истрачена,
Извиновачена —
Тобой...

Штрих-пунктир

ЛИСТ

Вновь не выдержал —
Позвонил.
Сколько можно звать,
Внутри — плач.

Не бужу беду —
Просто жду,
Что не разорвем
Лист вдвоем.

Степан Дуплий

ПЕСНЯ ПРОШЛОМУ

Бесконечных и бесценных,
Не отмеченных судьбой,
Праздных дней ушло — наверно
Зря не занялся — собой.

На восторги силы тратил,
Не считая кратких лет.
И теперь сужу иначе
Скорбь и тех, которых — нет.

Злясь, заглядывая снова
В жизнь отпетую свою,
Обреченно и бессловно —
Песню прошлому пою.

Штрих-пунктир

ЛИСТАНИЕ СЕБЯ

Бассейн сознания
Залит листанием —
Себя.
Смысл —
         не унять,
Мир —
         не обнять,
Не спать.

Заснеженностью стен
Сокрою бред —
Иссушенный
         скелет.
Его высочество,
Незримость
         одиночества —
Поет мечту.

Степан Дуплий

ТОРГ

Отвлекаясь от смыслов
Незначимых,
Помоги себе стать
Озадаченным —
Не пустым.
Предавая мечту
Незаметно в ней,
Не меняй свою избранность
Светлую —
На интим,
Суету и потоки
Словесные,
На поступки, с собой
Недочестные —
Оборви
Бесполезный восторг
Обладания,
Не устраивай торг
Из сознания,
Но — живи.

ИНЕЙ

Тешусь мигом,
      блистающим
                    инеем
Бесполезности
      прожитых
                    дней —
Уколоться
      расхожей
                    идиллией,
Набродившись
      по венам
                    страстей?

Изомлеть
      от хвалебности
                    мстительной
Достигая
      ничто? —
                    Чем скорей
Приласкает
      итогом
                    действительность,
Тем прозренней,
      спокойней
                    и злей.

ПОЛНАЯ ЖИЗНЬ

Чем жизнь полней,
Тем смерти меньше страха.
Исчезнуть в ней —
И не о чем жалеть.

Ведь не конец пугает нас:
Желанно избавленье.
Все ищем, ждем,
Хотим не постареть.

А в результате —
Все напрасно:
Судьба — проиграна,
Предательства друзей.

И — надоело...
Хочется —
Освободить скорей
От рано так растраченной души
Давно больное высохшее тело...

Штрих-пунктир

СТИХОДЖАЗ

Отжитых лет постыдные минуты
Вопросов не таят,
Покоя не дают — откуда
Мне силы взять
Для будущих секунд?

От пересохших слез и прений
                              бесконечных
Не с тем собой —
За право настоящим быть, за
                              вечность
Стремлений вдаль —
Хохочет снова жизни роль.

Но не склоненный силою и славой,
Бред сказок-снов
Не превращу в реальности оправу.
Что ж, краток след:
Жду — ко всему готов...

Степан Дуплий

ЗВОН

Прикрою зрелость —
Есть, что вспомнить,
Постигну смелость,
Чтобы жить.

Всем преходящим —
Перекормлен.
Мотив скользящий —
Не убить.

Кому хохочет
Тень сомнений?
Пустым не хочет
Всхлипнуть сон.

Мечтаний грусть —
Души биений
С собой. И пусть.
Чуть слышен звон...

Штрих-пунктир

ОБЪЯТИЕ

Не сдержать ликования трепета,
Обнаружив, что будто бы жив,
Что еще нераскаянно теплится
Не вода в синеве ждущих жил.

Разметать безысходность насилием
Над почти затухающим — вслед
Закричать эху жизни: «Спаси меня!»
Где же мужество слушать ответ?

Распрямить лик судьбы, вдаль что движется,
Бесконечность из быта создать
Искрой той, в глубине что чуть зиждется,
Чтоб вселенную смыслом объять.

Степан Дуплий

КОГДА ПУСТ

Исполнением
                желаний,
Снов своих,
Заполняем
                неустанно
Ими сломленную жизнь.

Разливая
             щедро время
Как ненужный груз,
Пустоту души
                оценишь,
Когда — пуст.

Штрих-пунктир

ДРУГИЕ ПЛАНЫ

Пусть у тебя — другие планы,
А я, как прежние — обманут,
Корить, винить в этом не стану,
Но все — пойму.
Пусть одинок мой будет вечер,
Непререкаемая встреча
Ушла на минус бесконечность:
Один — усну.

Глаза слезятся непреклонно,
И потолок всю ночь несонный,
А за стеной тепла бетонной —
Поют и пьют.
Их расторможенную радость
Вновь принимаю, как награду.
Сколько осталось мне, что надо? —
Тебя люблю...

Степан Дуплий

БЛЕДНЕЕТ НОЧЬ

Бледнеет ночь
Перед
Рассвета бегом —
Из жизни прочь
Перенесу
Победы —
Не их желал.
Больной — ничем,
Пересуждаем — всеми,
Кого не знал.
Бессмысленных дилемм
Нет в гаснущем гареме.
Мне б только
Белый саван
Сшить,
Чтобы уйти,
Но — быть...

Штрих-пунктир

СТРАХ

Мой друг,
Не внешних сил бояться
Нам стоит —
Всех сторон себя.

Когда по прошлому —
Скорбят.
Над настоящим —
Не подняться,

Степан Дуплий

НОЧЬ

Замерзший шепот сердца —
Вокруг темно, не сплю.
Играют вместе скерцо
Два верных — ноль и грусть.

В чужом окне вдруг лампа
Мигнула, как в груди
Больной. Потерей штампы
Не стоит вновь будить.

И больше — нет сомнений,
Мечтания все — прочь.
Не жди моих коленей,
Бессовестная ночь...

Штрих-пунктир

СУПЕРМНОГООБРАЗИЕ

Обреченность усыпана
            снегом идиллий —
Спасти ли мой свет,
Залепить ли
Последнюю озабоченность
Вздором из многоточий? — Нет!
Свастика снов недосказанных,
Ласки — отравлены разумом.
Супермногообразие
Жизни —
            в бред...

Степан Дуплий

SELF-TRANSLATIONS

Dash-dotted

SIEVE*

Turning over pages of streets split
Of alien cities' warped bodies,
I asked the Shadow over them swirling
Whence execution of dreams comes.

Meaning bespattered
                cuts off the meeting
With blows of beggars
                and lashes of gods:
Next the flight—sieve of partings
Sifts the remainder
                of nonsensical words.

I smooth design of transmutting to
                tenderness
With hackneyed gestures
                of mannered days
Not living on negligence
                of empty non-texts
For a long time,
                which is harsher than death.

---

* *Original Russian text is on p. 18*

INFINITE ATONEMENT*

In that World,
Like on edge of a blade,
I'm catching at air of Soul.
Smiling, I've been reared by losses.
What remained for myself?—To write.

What to write, when the sticky Time
Is cognized after its disappearance.
Abandoned by them on off-chance
My reflection—skeleton withered.

I'm making my bed for two
For them not to appear from There.
Till the morning I save my warmth
Why, be neither these nor those.

At that time, going mad with fear,
With Infinity I mottle my paper.
Maybe, this is their atonement:
I drink up everything getting cold
On the Bottom.

In that World,
Like on the edge of a blade....

---

* *Original Russian text is on p. 21*

Dash-dotted

ANGEL*

Do not be sad, my Evil's Angel:
Not everything has passed—
                    the moan, passion.
My tired soul was embracing
With yearning on the injured
                              graveyard.

Do not raise bridges on the vault
Of all absorbing bondages—
The wastedness of shoots and nonsense
Of years lost and useless words.

Do make them pray for happiness,
Do not defame yourself in filth.
The Fate has closed verdict lying
Upon my wrists and scoffs again.

And—rendezvous with motif crazy
Is ceasing. Knocking at the Night,
Excreting cluster of excuses,
Naive, I'll take the rule of them.

---

* *Original Russian text is on p. 25*

Steven Duplij

INCORRECT DREAM*

Next morning I see
           the incorrect dream:
I am in the Past, fall in love,
                dearest—alive.
Torturing odour of hands ungentle,
The feast of habitual vices.
           Knock—suddenly:
She came without permission.
                Sobbing.
The Fate yellingly prayed—
           as one ought. Fever.
The branches of terrible Hope rot
           behind the window
Split with abyss of losses,
           I accept demolition,
But only as playing from above,
                laughing
Converting the maiden-pain
              into my line.
Next morning I see
           the incorrect dream:
I am in the Past, fall in love,
                dearest—alive...

---

* *Original Russian text is on p. 26*

Dash-dotted

PASTNESS*

Leaves—are covered
With other ones.
Lives—are melted
Over them.
Reflection—stop!
I am alive.
Leaves—are covered
With other ones.

Tenderness—takes over
Its parting.
Sinfulness—overcomes
Rejoicing.
To be shot by moment—
Conceal your lot.
Tenderness—takes over
Its parting.

Pastness—gives up
Way today.
Sickness—
Of unfinished tables.
World perverted in laugh—
Hypocritical they.
Pastness—gives up
Way today.

---

* *Original Russian text is on p. 28*

PASSENGER*

I am only a funny passenger
Of the train passing Nowhere,
Halts of cold apartments
And fruitless searches
                    have exhausted me.

Forgotten, amusing, anxious
I don't heat the window with breath.
No end for annoying tiring roadsides—
It's the bottom of unavoidableness.

Sleeping Earth—is a patient cemetery
Threatening with axe-crosses,
Sharp-clawed evil's lightning-paws
Crush my soul into futile cryings.

Hopes are thrown
                for the moment's wind,
Already nobody caresses my pain,
In my eyes as behind shutters white,
There's endless anguish of life.

---

* Original Russian text is on p. 44

Dash-dotted

ICON*

Transparent eyes,
Affected tears
Call to the soul's bottom
Stronger than Fate.
And nothing more to say—
Metamorphoses burn me
Embroidering the summons
To wash away the Slave.
The obstinacy of Nought,
The distances are blind...
Caressing flowers perished
With foam of the dreams.
I put on leaves of bliss,
I colour lying scaffold
In the primordial trace
To harden like a madman.
Disfiguring Motif
I glue up moan with verses,
Insatiable words.
I grasp with the pain of years
For roses' strongest wish.
I have been rotten, staying
Alive as a Skeleton
Of debts to have been gnawed
And have already gone.
Surmounting the Night
I come to open space,
To set for them the Candle
Adhered to the hand.
The Icon. They: my son
And daughter—stolen by way of life,
Landscape, some trees, and Light...

* Original Russian text is on p. 46

SEMI*

Semitruth and semiconscience,
Semiargument and semilife.
Semiworld?—Is not worth Fate.
Semimemory?—Begone!—I forgot.

Like the purge for souls,
«Semi-» melts the circle of meaning—
With the semireproach a semifoe
Is lying that he is a semifriend.

The sale with semifeelings,
Food is semifinished.
Semihusband-semibrother
Is semifull up with semilove.

Semipower is semifreedom,
All are ashamed
                  and make no complaint.
Becoming semi-nations,
We're semisleeping—
                  backwards again?

---

* *Original Russian text is on p. 16*

Dash-dotted

VOLUME*

I thought in vain—
The time is mine, no hurry.
A foolish dream—
My volume's full of life.
I am becoming mute
Embracing handful pages last
Unread and having mark:
To say for later.

All wasteful surges
Lot will overtake,
That is expounded
In alien volume-walls,
Which are rotten
With oblivion of Inside
Rewarping lying dreams' refrain.

I will approach Him
And smile from the pain, succumbing,
Expecting final words
In brutal feast of the ideas empty
And poisoned gods...

---

* *Original Russian text is on p. 52*

BLITZ*

Beyond blinds of my youth—my years
Remelt the Nothingness
With Cross of blisses to brighten
The total with creation famine.

The light on the lines painted
Is frosting with the aching act again
Of «Do forgive me» play—
To others—parts I'll hand.

The dream of Past is spreading
Behind my guilty windows—
I'll stand on Edge to slam them:
A step—and the fly is prejudged.

The closed despondency torus
Is rolling the Fate downwards.
Confession is sprinkling with silence,
With files of my years crushed.

No, I don't fall to my knees,
I do not spill the motif.
Last gamble with my life as if blitz,
Modulation of figures mort.

* Original Russian text is on p. 54

Dash-dotted

NUCLEUS*

The creeping evening—
                    I am tired of years,
Shift moan-gaze
        from the wallpaper to the wreath
Of blisses lost.
My dream decayed as nucleus
Primordial from futile rows of mine.

There're no events—
                    I carry the temptations
To their grave:
my soul—sobs violently and my hands
                              —in blood.
I leaf through Night. And her miasmas
Stole into my inside
        to rot to shame my strivings dead.
Being fatted with success,
                    Naivety slept,
Breaking prognoses
        with the memory of wasted days:
The Fly has stiffen
        on the highest point, laughing
At pseudomeaning of the formers
            to fall down more painfully.

---

* *Original Russian text is on p. 56*

Steven Duplij

QUITTING*

I've quit living—
What to rush about
On circles clutching with the Botto
To whitewash Motive,
To shoot at former self—
What happens then?
I have begun
To burn my path' return
By other people, other goals.
Tornado freezing
Of my crucified soul
Connects two faces of the Host.
I've drunk up laughter
By which before
I fed my sickness, breaking
Secretly from them.
I slide towards the Hope
With mouth disfigured by offense.
I've quit living— no answers
To forest of reproaches, reasons.
I've quit living—
Being caught by the Eternal:
My final bar,
My needless verse—
I'm singing still alone...

* *Original Russian text is on p. 58*

Dash-dotted

SUPERMANIFOLD*

Doom is covered
        with the snow of idylls—
Whether to save my Light
Or to clothe up
My latest and inner worries
In the mud of the etceteras? No!
Nonsense of dreams
Unspoken and unuttered,
Caresses— poisoned by the mind.
Life's supermanifold
Lies
In gibberish....

---

* *Original Russian text is on p. 239*

Steven Duplij

BETRAYAL NIGHT*

Opened into the Infinity Night—
The Earth has grown quiet
For the betrayal of the yester day.
All perishable thoughts
And painful scenes—
Still linger here.

The dawn is far away—
There remained
So many rubber minutes
To be counted...
The drops of rain
Are hitting the windows...
The soul's fatigue...

---
* Original Russian text is on p. 60

CRYING*

Crying. I stand by the window—
Everywhere there is
              that cruel silence of mine.
Cri de coeur melts into the night,
Extorting my daughter-hope.

Time revenges for my lying role—
I know it in my heart, but how
              to burn my failures?
The phone has been done to death—
With my dearest
            I've become a widower.

Do not beat me with the past,
           I'm kissing the ground.
What on earth shall I do?
              Get cool for good?
The gibberish glides to the depths
                of my soul.
How not to waste?—
           Write to write yourself out....

---

* *Original Russian text is on p. 62*

EVERYBODY*

Pitch darkness— withered candles
Overshadow, from gibberish, plot,
Strange volumes.
Farewell meets
Tear to quanta the dawn
Of seized feelings
Filling with meaning
Prejudging of followed dreams.
Rushing to truth,
I'm being pierced with thought:
In the end everybody betrays.

---

* *Original Russian text is on p. 63*

Dash-dotted

PHEOPHANIA'S RAIN*

Pheophania's rain—
I am freezing from the snow
Of cooling years
Torn away by the Past.
With what to surmount
Their terrible Meaning
Without desertion
From the wearing blisses
Of Naivety's backbittings.
I'm opening the Dreams' Bin
To endure anew
The Bottom's theme hackneyed,
Slipping into the Moan.
How to learn without wasting
That I'm ready without falsehood
For insatiability of Bonds?—
Smell is caressing the Vow.
Pheophania's rain—
There's the infinite beach
Of Hope tired sleeping
And the words unuttered.
Pheophania's rain—
Depth cannot be surveyed
With the emptiness of your previous
And hollow-cheeked Debts.

Pheophania (also Theophania) is a park and a village near Kiev, capitol of Ukraine

* Original Russian text is on p. 65

Steven Duplij

WREATH*

I lay the wreath of guilt
                         on pseudopastness,
I transpose their portraits—into night.
Paint despondency splash
                         into impossibility
To transform casual strangers—
                         into Daughter.
They are sorrowfully crying
                         for mundane losses,
Joys, caresses and lying dreams.
Disturbed by pain of debts
I'm so tired measuring spiral's coils.

Do not cut the thread of the holy frontier
                         to Eternity,
Call of Nothing outstrips in fervour
Of the goals unachieved: unconcern
Of impending words,
         in which I already was tormented.
Stepping aside
     from Passion's mirror up to gunfire,
Calming sincerity
                 with exploded ashes,
I hide abandonment
           as a first thought
That the marriage
        with my shuttle Fate has been broken.

---

* *Original Russian text is on p. 67*

Dash-dotted

FLYING*

No, it's impossible to drive them out—
And why rush about them?
I'll never pacify
Remains of my shameless conscience.

I shan't forgive myself the treason,
But who can define it?
We're proving by yelling furiously
That we have the right to be like this.

While justifying the every step
We're caressing ourselves
                      without doubts,
But we have no better blessings
Besides the lust and laziness.

Goodbye to all,
             may peace be with you,
I've known inside me myself
                      and you.
I've broken away
             from the suffering sea—
I'm flying to the start
             of all beginnings.

---

* *Original Russian text is on p. 68*

SOON—WAR*

The War will soon be here!—
I can hardly breathe
              onto the Dust's pillow.
The seeds of the Lie—
Continue their atomic explosions.
The country of poverty,
Choking with the memory's sperm
                      once again,
Prays to learn
When the abscess will be
                    cut to pieces.

The War will soon be here!—
Perversions do blind by Naivety.
It's not possible to swaddle
The revivals with the follies of blisses.
It's not possible to disperse
The infinite ball of meanings
                  with the blitzkrieg.
The War will soon be here!—
She's the collapse
              of honour and suffering...
There's a foray of new nobodies...

---

* Original Russian text is on p. 70

Dash-dotted

DRAWING*

The Past jeers at the future,
Crosses are melted by smoke,
Meanings confess in the horrors' ward,
Debt stiffs at the uttermost line.

Reiterating my prayer in dream,
I stroll along brightness' outskirts again,
Drink trouble to draft the drawing
Of desperation on the heart-rending wall.

Generations are cut off by scalpel
Of volte-faces rotted through with guilt,
Haze's drawing above pseudocountry
Is erised by calque of time.

Repainting despair into hatred,
I knead the moment on evil's palette,
Cut to pieces crossroads of words
By treasons of those who knew
            without grasping shoots.

Having changed
        to imprint nonpersonal
On the infinite's arrow to null,
I set fire from
      the drawing to stars' condour
And return to my bothering role....

---

* Original Russian text is on p. 73

Steven Duplij

JANUARY*

I am existing with the effort
                        of will power,
I am not waiting for kindness
                        and not giving it,
I am not pining over the former days,
But I'm not liking the present ones.
I have endured all commotions,
I have become every guise.
I cannot whitewash myself
              from the dirt's remainders:
Having desired them so much.

I have been so tired to deal out
                  the needless precepts,
To hope for the miracle,
To trust that I will not
Destry everything again.
But it is not simple to leave myself,
How many times I have tried in vain.
I have hardly lived out
                the Autumn of Life—
So it is not far from its January.

---

* *Original Russian text is on p. 76*

REFUGE OF HOPES*

There is the efflorescence of Naivety
On the hateful and delicate chains
Of tired feelings, formal caressings—
There are our children in it
Who are also not interested in us.
These are not us
        who have betrayed the ideas—
Let the fury drown in the mire of lie.
But our greatgrandsons
                will dare to be alive
Till the dishonour only.
There is nonabsoluteness of nonlaws,
There is the hands' wood
              of the lying bonds
Which are begging
         for the tampons of the past
To convert the dye into blood,
The cemetery into a meadow.
Pity, there are no
              needless stoppings—
Maladies are curing,
Smoothing out they are beating us.
Becoming pale we are waiting
For changes, as though new ones—
This is the refuge of hopes.

---

* Original Russian text is on p. 80

QUANTIZATION*

      Our time
      Is quantized
      By our songs,
      Our perishableness
      Is revolted
      By our welcomes—
Vomiting with primordiality, dreams
Are overflowed
      with the soul's fanatical cruelties.
      The delights
      Are slipping away
      After shadows,
      Which are sticking
      The quanta of time
      Into Nothing.
The yelling Pain is germinating
            between offences —
We only need each other till death
      The indifference—
      To the justified
      Infidelities,
      Superperson—
      On the wall
      Of the supermind.
The interminableness
            of the vanishing blisses —
We are getting
            the Debts for the debts.

---

* Original Russian text is on p. 78

Dash-dotted

        The perversion—
        To the worn out
        Lying feelings,
        The revival—
        To the naivety
        Which are scattered
On the mad waste
            of the heart-rendering Words —
They are alive with me,
No matter how much
                you will burn me.

DAWN OF MINE*

Please do steal me
                    from the madness to night.
Oh! My Lord! Be ravaged, lead me away
Along infinite's shoots into twilight,
Into rotted through mucus of Time.
Can not survive evil's vow
                    with lying remorse,
Can not waste that which was unknown
How to conserve
                from Naivety, imploring
Utterlessness not to whisper to me the end.
Dawn of mine drags along
                    passing line again,
Predestined by Fate in vain
On the pilfered dreams and idylls:
Dawn of mine—is the near lonely star.

---

* *Original Russian text is on p. 82*

Dash-dotted

CASTLE*

The noble riff-raff
Is building the castle on the empty.
The withered humanity
Is soaring over the dome with a cross.

Wasting the caution on the smoulder
Of the imitatedness
Of oblivion's ice,
Risking to become
An everyday pronoun.

* *Original Russian text is on p. 83*

PHEOPHANIA'S NIGHT*

Outside the window two birds
Were yelling into my meaning—
The cut ached,
The gibberish cried.
I was racing my moan—
The balcony infinite with ecstasy.

I'll have no time to have a drink,
I'll make myself sew the ardour together
From the Dream
To cool down,
To extort the cordiality for them:
The mirror-like surface
Of the apathetic heart-rending.

Outside the window two birds
Were tearing to pieces my life.
The Naivety was asleep
And alive with the Word.
Pheophania's night
Melts with the pain of the mind.

The fancy realm—begone!
The palette is slipping away—
I'm trying to burn the sheet
Which is the humus of my soul.
Stand up, do not waste your gaze
On the emptiness—there are debts
Which are waiting for their sacrifice.

---

* Original Russian text is on p. 86

Dash-dotted

WITHIN A HAIRSBREADTH OF LIFE*

Yeah, I have known
That I will not leave without purpose—
The moment's dream is full of delicacy, evil.
The arms of Fate, her eyes—almost alive—
Do not allow me to sing the words of madness.

I'm opening the nebula of gas as for the last,
Nonburning and desirable time:
I'm within a hairsbreadth of life—
The call in my doorway
Is putting off my execution for an hour.

There is the same deserted, rubber evening:
What does this hour give,
How many years has it stolen?
In case you have no things
By which to love and cry
Let your inside sonnet exhaust itself
With repetition.

---

* Original Russian text is on p. 88

STARS*

Stars have been named,
            myths have been crushed:
I'm washing myself yelling lying truth.
I'm slipping away,
         I'm wounded by the dawn—
Tears have been dried out,
           children have been stolen.

Meanings have been cut off,
          gods have been poisoned:
I'm penetrating
         the Nothingness by Word.
I'm betrayed by the past,
        on the future lies the ice mask
Of the deal with Eternity—
                no time to waste.

---

* *Original Russian text is on p. 90*

Dash-dotted

HEATING*

To my Mother...

I shall cover with tenderness
Your crisp grave.
There is the vast field
Of the crosses cut off—
I love it.

I shall tear off the virgin weeds
With the moan: «Forgive me».
I shall heat your sleep
With myself and the whispering:
«Please. Stop. Yes. Wait...»

---

* Original Russian text is on p. 91

FIGHTING*

I'm fighting with the Past in Hysterics—
I'm rejecting the sweetmeat of Lies.
I'll cast away the sweep-net
                              of Happiness
Into Dreams' Sea for Passion and Sorrow
To be born from the grinning Naivety
Of the thrown about angry years—
In them I'll forget the melancholy
Of blisses which haven't been fulfilled.

I'll convert the Laughter into Distress—
This is a tiring theme.
Let the nonprimordial desires' infinity
Be melted into the Nothingness.
I'm slipping away from the rasor's blade
Of foam of poor words,
For the forthcoming debts' cloister
To be uncircumspectly destroyed.

---

* *Original Russian text is on p. 93*

Dash-dotted

TORTURE-CHAMBERS*

The torture-chambers of the meanness
Are intimidating, aching,
Calling to the Nite.
Do pour your moans over sincerity
To melt in silence among them—
Let them be lying.

Do soften the humus's yelling
With wretchedness—
I'm crying
And kissing the ground.
I'll curtain the essence
With rays of constellations' light
To hover as outcast.

* Original Russian text is on p. 94

AFTER YOUTH*

After youth I was delirious
                    with childhood,
I didn't know where to run
                    and how to live.
The reality threatened with scantiness,
Trying to poison me with poverty.
Rejecting hundreds of sure misers,
Intuiting only the honest game,
Throwing the maxi-lives about,
I've comprehended
                    the octopus of success.
But where is the infinities' dale
Which I was deriving
                    from the formulas of dreams?
So only the depository
                    of the inside sinfulness
Was caressing and coddling
                    with the bottom's stench.
Oh! Truths rotted through with evil!
Do not reflect the unfinished world.
Shooting off with the leaves of youth
From the loneliness's rapier,
I'm oiling canvas with despondency,
Which is yelling, grounded by myself:
The gin of madness soldered
                    in my soul
Is hysterically whispering:
                    «Be with your Dream».

---

* Original Russian text is on p. 96

WITHOUT YOU*

Without you—no reasons to live,
Without you—stars are washed off
With yelling of salty tears.
Without you—I don't try to open
Womanly bin,
Sprinkled to smell.

Without you—my Moment cools,
Without you—goals are lost
In poverty of inexperienced caresses.
Without you—I don't look
              for Fate's thread
Which is cut off lengthwise,
Is eaten by the crowd-moth.

Without you—our World
              can't be drunken,
Without you—ice-drifting
              of angry nights
Melts the door into truth.

Without you—«to be» remains,
Not to soothe pain,
To recover, to rise.
Without you—no reasons to live....

---

* Original Russian text is on p. 98

LINE*

You are—my line,
Symbols' handful,
You are—wall to «non-I»,
Forgive me again.

Dream's file by bytes
Expels gibberish
Interrupted by moan
Of those absent.

Yelling, reading tear
Of their despair,
Waiting thunderstorm
Of intersuffering,

I place my cross
On the screen to Nothingness,
Stopping Bottom's wrangle,
I transpose text.

You are—my line,
Symbols' handful,
You're—wall to «non-I»,
Forgive me again....

---

* *Original Russian text is on p. 101*

Dash-dotted

LEAVES*

Peeping in my room
Leaves are shunted by sorrow,
Crossing out my living
By heart-rending whispering.

Tossing in hysterics, like a beast,
Letting all confidence—to walls,
I cry «beware!»
To immoderate longings.

They torment my insides,
My soul, and call to you—
So many reasons forcing me
To see or phone.

Covering myself with impossibility
To get closer to our past,
I stay to be alive
Behind my face distorted by grief.

---

* *Original Russian text is on p. 104*

Steven Duplij

CALL TO THE PAST*

Do not call to the Past:
It is the frozen statues of feelings.
Do not call to the Past:
The eyelids where memories are
Only trembling to the crunch.

Let no good
Wait at a distance away from the dream:
The well-groomed
Facade of the lie
Will take away the gaze
From the bottom for a moment.

The worn-out wig of the years
Is pricking the eyes
With the needles of the days:
Do not call to the Past—
If you want to know
              the Cross of the Future.

---

* Original Russian text is on p. 106

Dash-dotted

FLIGHT*

I love you, love you
Up to the deep heart spasm.
You are my poison desired,
You are my soul orgasm.

The lock of the uneasy years-days
During which we were apart,
They cry from the inside—
I have grown into yourself by pain.

The blinded blisses
Of the two supernovas—
It is a flight to the depth
Of two hearts, like roses.

* *Original Russian text is on p. 107*

SOUL*

My soul,
Transparent from the pain,
Has suddenly abated
Near the precipice of years
It is sleeping
Lightly.
The mad feast
Of the debts
Is stinging to the screaming.
Is laying bare,
Rotting my depths.
Oh! No! Nay!
I didn't beat!
And I did not betray!

The lying meaning
Spilling on the motives,
Is laughing
At the wretched:
«Tender is the Night».
I was whitewashing
Anew the tears,
Freezing from power
Of prevision,
And have consumed it
With the Bottom's ray.
Oh! Yes! Yeah!
Refusing, I was waiting...

---

* Original Russian text is on p. 109

Dash-dotted

CLEANING*

Accords of centuries
Are appealing in pangs
    To the scaffold to themselves.
Giving up the hatred
I'm bursting into the white sheet—
    Everywhere there is my Lord and me.
There are traits of His doctrine
In the doubt-dreams—
    Whether I perceive
        the knife of Nothing?
There is the guiltiness
From the wrong waste—
    That life—for a penny: Christ.
My prayer is spreading
To the home coast
    In defiance of passions.
By love of the Lord,
By caressing birch-rods
    I will cleanse my gaze
        to do it by myself.

---

* Original Russian text is on p. 112

MOON*

Eyes of the Moon—are hazel:
I was so waiting for You
                         evening and night,
Searching the mirage of the Past,
Endeavouring to surmount
                         the whole of it.
Tears were smelling of alien,
For a moment, filtering to moan,
Deforming the principle how to glue
Delight from the crying sides.

Having shivered of strange avenues,
Having wasted the charge to live,
Expelling motif-glumness,
I forgave to wreathe Nothingness.

I made from by-gone tenderness
Your Image,
       having washed off entreaty
Remains of ailing years,
No powers to comprehend them.

Made currentless by You anew,
I've chosen not to trade with the Bottom
Profession-pain, the Loneliness,
To consume the volume in time.

---

* *Original Russian text is on p. 114*

Dash-dotted

REFLECTIONS*

I expel my hatred
Into the basket for Passion—
Their strange devotion
Vexes night with pseudohappiness.
Escaping to sacrifice
Of revenge neglected,
Melting goals' bones
With honour wasted,

Grasping lie of flattery,
Affectedness of meanings,
Having died with fast dreams,
Taking the knife of poverty,
Yelling, passing through
To stolen years pealed by thought,
Reiterating living's moment
By my childhood crushed,

Annoying earnest
With attempts to wash off gibberish,
Hinting into sincerity
To forget life's tender blisses,
Interrupting rally-parade
Of nonsensical myths,
I'm closing shatters to town
Of achievements without reefs.

---

* *Original Russian text is on p. 116*

Steven Duplij

BODY*

Oh, Body! — You are an insecure shield
From the unsparing splashes of Life. My soul
Is sickened by Naiveness:
                     the AIDS of depths
Will absorb the aspirations
                             not to the end
And will erect the gravestone
                             of Reproach.
Oh, Meanings which are extorting Lies.
Do not protect
              the nakedness of the pattern
Of your facelessness.
When you understand
That you have taken
                         through robbery,
Laughing, the Fate is threatening
With starvation once again.
Be cold and separate the flight
Of the extortedness
                        and utilitarian passion,
Do not be lost, while comprehending
The ford of fancy realm,
Adorn the dome of heaven
With the super sacrifice
To melt in them
with the unmeltable Happiness.

---

* *Original Russian text is on p. 118*

Dash-dotted

RENDEZVOUS*

Anew I make a date for the Past
Having been gnawed by crowd
                         countless times,
By the dream of excuses,
Unwearying, warming myself
Over Fate painted by death.
I try to surmount the meaning
On which my soul's space is held,
I writhe in life's dance—
Bottom's flares
Scatter the night of Hatred.
I drink the estrangement's beverage,
Transparent and pestered,
Diluted with rings of tears.
My yelling is absorbed with intimacy—
I conceal the hollow-cheek
With the sheet warped by the line.

---

* *Original Russian text is on p. 120*

Steven Duplij

BLINDS ON THE YOUTH*

The Night
Is loosing her head
By letting out
Shadowy delights—
I follow suit.
It is impossible to overcome
Obstinacy of events
By the unconsciousness.

To edit
The abated
Cathedral of words
Hardly tinkling—
There is already
No time and evil.
The unperishable
Soul's ashes
Are drawing
Blinds
On the youth.

---

* *Original Russian text is on p. 121*

Dash-dotted

PRAYER*

Father-God!
Hide me from the sorrows around me
Father-God!
Don't allow me to have those dreams.
What should I do?
To start my life from the beginning?
How do You
Permit the crying from my depth?

Father-God!
Tell me where do you keep Dreams?
Have the goals,
Here, been really false?
Father-God!
Answer with no offense, who are You?
Maybe all the time
I'm crying and crying to myself?...

---

* *Original Russian text is on p. 125*

Steven Duplij

FULLMOON*

I was making Heaven's way
        to the Fullmoon's moan,
I was growing faint
        from the bottom ineffableness
Of soul soften
        by the crucifixion of madness
Of our yelling mutual understanding.
To learn the length of the ray
        turned away by gibberish
Of Dreams which are not perverted
            by care—
And that is all, and my tears
        will stop to lie for Hope.
I shall shovel meanings
           to become cool.
I was making Heaven's way
        to the Fullmoon's moan:
    The Star was calling,
    My love has been burnt.
    The power of the Grave—
    Was taking things
    Which belong to her.
    When? I didn't know,
        I was sleeping with my sadness,
And was making Heaven's way
        to the Fullmoon's moan....

---

* Original Russian text is on p. 129

Dash-dotted

BROADWAY*

Where are you, the winds
                    of mad joys?
Where is the ardour
           of delights, sorrows, passions?
They have parked the divine trembling
Into the nonsense of fates—
This is the soul's Broadway.
Whose star's collapse is dragging
Into the blackhole of the mob?
Whose poverty's crying is enveloped
With the shivers of fancy realm?
Who will fall into the Nothingness
When the Depth's supply of words
Stops to turn up thoughts?
What will weaken the pity
               of the past and greed?
What will replace the sincere
               gibberish of Essence?
To turn out the tirelessness,
To make drunk the strangeness
With the primordial meaning
Which is absent?

---

* *Original Russian text is on p. 131*

PULLING*

Pulling a face
I'm drinking again
The space without you,
And waiting,
When
Your,
Watering with Dream,
Gaze,
Wearing the belly of malice,
Gives birth
To the composition,
Discarding nulls.

Please, cover us
With the Passion throw,
And do not set congeal
In the artificial night,
Moving backwards to the glow
Of the lying leprousness.
Please, take me
For your second brush
To become my third
Dream superhemisphere.

---

* *Original Russian text is on p. 134*

Dash-dotted

COAST*

The coast of my gibberish is cut up
By neglectfulness of senses.
I'll burn my sinfulness to pay
                    my debts in the night.
I'll soften in the colors of lines
Of the thrown-away idylls—
I'll forget the Passion cry.
I'll carry out His words
And take her white-lie kisses—
I'll beautify my crypt with anguish.
I'm not afraid of destroying Hope,
I'll let out my moan to them
Before I find the final peace.
Skinned by Him, all infinities
Are ground
          on the table
                  of my soul's dream—
The realms
      of fancy
             are lapped by vileness:
Weeping is an echo
          from the unknown Abyss.

---

* *Original Russian text is on p. 135*

Steven Duplij

ILLUSION*

Refugees of pity—
The Thread over the abyss is cut.
The Past is split lengthwise:
Extends alongside.
Tumour is turning
To moan, within a wall
Of Sore Time.
Sweetness of fancies fattened,
Pride in the empty,
Lassitude of engine-desires
Up to ashes.
Illusion-consolation,
Joy of unbound molecules
Which the wind of chance
Composes into initials down the Bottom
Like specks of dust
Smelling with cinders of arguments
And dirty tricks.

* *Original Russian text is on p. 136*

BONE*

I'm throwing away
A bone to Fate
For being permitted
To be in the impetuous city.
Repressing the peace and pride,
I'm trying to set ajar
The cage into the World
Of dreams distorted.
Do stop the super-moan
Of madness.
Everything—
To be forgotten!
Break up the pain
Of the mind's exhaustion
Into the drops.
Waste up the empty role
Which has named herself as Life.
Do weave
The throw of the fancy realm—
The wisdom—
From the word's infinity
For not pushing aside
A Moment into the oblivion's ditch.
Do shorten out
The power of the Lie
On the melancholy's weakness.
Please, take me: change
Death—into gladness.

---

* Original Russian text is on p. 138

GETTING COLD*

I want to get cold by loneliness so much,
But you are bringing me temptations in your hearts.
I am preparing myself to be consumed
                        by supercreativity—
My eyes are blinded up
                  with pins' flirtation in your hair.
I'm sounding the alarm
                  about the Time's loss—
They're offering me
                      the poverty's AIDS.
How not to regain consciousness
                  under the Naivety's tree,
How not to waste my Mind
            for the Dream and Mode of Life?
Do not bring out the odor
                  of the all-permission,
Don't kill the shadow
                  you don't know whose it is.
Travelling all over the infinity Bottom
                      of Conscience,
I'm simply loving each
                      of you as before.

---

* Original Russian text is on p. 140

Dash-dotted

DUET*

Our mutual running
One into the other is disconsolate,
It is full of rebukes,
              is craving and tender:
Being jealous we're waiting.

The view of the coast is colored
With insatiableness—
We'll sing a duet to life's cough.
The reveling of dreams is careful—
If not that, who will help
To attain yourself.

The wounds of guiltiness are enticing
Into the brilliant traps
To embrace in a crunch.
I'm praying: for us, it's impossible
Not to become living steel.
      Goddess of tears!
      Do weave from roses
The carpet of primordiality,
The fate and blessing!

---

* *Original Russian text is on p. 142*

Steven Duplij

THREE CEMETERIES*

The end is burning—
The conception is melting
You cannot condescend
To yourself from the Bottom.
Farewell the over-fervid world,
Scoffing with the
              pseudovitality's dream
Near the window
      of the untouched illusion—
The cemetery-rooms
Are attracted by the Love,
The Childhood and the Natal.
Their anxiety,
The fancy realm of the loneliness,
The Nothing's kissing,
As the smoke of the nonparting,
Allows me to cross fire—
It is not successful
To be rid of my footprint.
I'm rousing my conscience
With the leafing over of the inside
So not to hear the trivial reply:

Life is the multidimensional
                        cemetery
With the right of going there only
From the clammy infinity of the passage
Into my yelling lonely confinement
Which is finely connected with the world
By the threads of the soul's
Refined verse-formulae.

---

* Original Russian text is on p. 146

Dash-dotted

I HAVEN'T NOTICED*

I haven't noticed the senility—
Nobody calls me and nobody asks me.
My own children are taking
Their children to the kindergarten.

I've tired of running, but the memory
Can be wiped by Nothingness only.
There are no events—
                    there are no reasons
For my soul to ail with the years.

I have poured myself over the Past,
But the pain has not been abated:
There is the rubber of my nights...
There is the cold of my bed...

---

* *Original Russian text is on p. 148*

Steven Duplij

DOWNPOUR*

Downpour—by the window,
Snow—inside me.
Selection of mine:
Let you—Sin.

Fire—to my back,
Sheaf—of betrayals.
Edge—near me,
Stop—of Naivety.

On my table, a list
Of mundane affairs,
Splash of ideas,
Sonnets that have been sung.

Downpour—by the window,
Snow—inside me...

* *Original Russian text is on p. 149*

Dash-dotted

IN THE CITY*

In the wild city
Disemboweled with poverty
It is better to be proud
Then to be over-fed.

Where should I go? —
To the betrayer-Nite.
The Shadows are squeezing my soul
And governing my goals.

If I knew my own limits —
I'd be laughing boisterously,
I'd want to spit
On my false Fate.

Do learn more rapidly —
Is it worth living or nonliving?
The row of my insolent roles
Germinates into Disgrace...

---

* Original Russian text is on p. 151

Steven Duplij

SURMISE*

The light was glimmering,
I shall not leave in vain.
No!
My Meaning has been sung
By the layers of the years
Squeezed the poverty.
I'll heat the Moan
Guilty with the secular
Wastednesses—
A super-chime
Has deafened
The fancy realm
With peals,
I am overwhelmed
By the surmise:
Is it He or is it not He?..

* Original Russian text is on p. 152

Dash-dotted

EMBRACING*

Everlasting the inevitableness,
Learning, submissively,
About the day,
When the successfulness,
As the pseudosinfulness,
To me appears as a virgin,
I'll slip into the past to tears,
Fighting my soul, coloring my pain,
To not burn up, from life the gathering
Of the unpremeditatedness replete,
Of the uncalmless wicked—
I'll burn down with prayer,
As the blade of the gibberish,
That World which I have not embraced
Alone.

* Original Russian text is on p. 156

Steven Duplij

EVENING'S FADE*

The evening's fade
Has come in and is waiting.
I'm crying, driving it away,
Frustrated—it is useless.
It will promote
The black conceptions' domain,
It will shovel—the past,
It will burn up brightness,
Smooth out the nimbus
And damage my dreams.
Stand still!
The cyclic-moan unlimited.
I'm going out,
Going for the candles....

* *Original Russian text is on p. 157*

Dash-dotted

FEVER*

Being held in the ice-hole
                of inconsolability,
I shall come to myself.
I shall try to lie on the brazier
                  not to burn
The mental city of mine
              with its uselessness.

I'll tear off hatred from heartlessness,
I'll get even with everyone
                who has lied,
I'll braid fancy realm and gibberish
                  into the cloth of feelings
So no one kisses me ever.

I'll back off from the window only
                to take a running start,
I'll embrace to forget you fast,
I shan't know for whom I was crying
                for years.
Are you passing away? —
              It is simply a fever.

---

* *Original Russian text is on p. 160*

Steven Duplij

POINT*

Being tortured with lies,
I was alive with you—
The lies' superlayer
Between us
Consumed the cut
To the impossible.
The couch has been built—
Then I break into rage towards myself
And go to my crypt-dungeon.
Because I see that my moan
Isn't needed here—
I'll disperse my haughtiness
On the faces of words.

The crowd made me sick—
I'm standing up straight
In front of the worst.
I'll reject the flattery
Which is the tsarina of dreams.
I am tired
To exhaustion
By the poverty of the sounds.
Where do I find
The promises of years?
The passionate and silly,
Alien lips of love
Cannot be torn away
From the dead blisses.

---

* *Original Russian text is on p. 162*

Dash-dotted

The footprint
Of the Naivety—
Rib crunch—is over—
The gibberish
Has mounted the moment.
There is a row
Of Dream-like gravestones—
The light gapes
Out of the verse's point...

RADIATION*

To Chernobyl, 1986

My air—
Is the blinding flow of radiation.
I gnaw it—
And my life is wiped out by X-rays.
No!
I don't want to decay on atoms!
Do I go that way?—
We are blamelessly squeezed.
The quiet and calm:
What's the matter, don't be afraid...»
How do you measure everything?
You cannot get round
The childish prattle
And trembling of essence
By the faith in the degrees of the lie.
So who is to be responsible?...

---

* *Original Russian text is on p. 164*

Dash-dotted

GOAL*

I am madly happy—
                    there is loneliness.
What I was striving for—
                    I've already attained.
I do not want to embrace
                the Lie of calmness.
The Meaning of life
       has appeared as the bottom's ash.

It is not
                    in work and wives,
In children
                    and appointments:
It's only
        in the changing
                movement of the Mind—
But let the mortals—
                    forgive me.

---

* Original Russian text is on p. 165

Steven Duplij

PLAYHALL*

I have examined everybody—
And what is the result?—
The playhall was converting
The heart-rending
Into the good-for-nothing of the humus.
Turning away
The grin of Eternity,
Became white with frost,
The illusions' ball
Was betraying life
With delight,
Having travelled
Over all facets,
Putting together
Forces and dreams
Into the Naivety
Inviolable with ashes,
I have prayed again suffering,
I have bitten through the longings
For my imperceptible crying
To congeal into the Future.

* *Original Russian text is on p. 167*

Dash-dotted

FLOWERS*

Touching the flowers
Of neglectfulness,
They sang
The meaning of revival
For lost purposes,
Motifs of the sincere
And weary Dream
Burnt down by the vital juice
As the echoes of the void
To wane in moan.

In one thrown in the immenseness
Of the icy lonely cage.
On hands and knees from tenderness
Poisoned centuries.
Give the inside scope to souls
To the illnesses of the conscience.
The verse covered with sadness
Is the tombstone-reproach
For them—
Which has been irradiated
By dreams.

---

* *Original Russian text is on p. 169*

BALL*

The multicolored ball of smell of dreams
Has been torn away.
My soul
Is not begging for the things
Which have gone away.
Crying,
The senility is gnawing at me—
Frost is on my skin.

The Nite of pseudo-Life
Is mowing her crop
And carrying off my Meaning
To the exhausting Couch,
To multiply my shout with yelling,
To multiply my mark with traces....
Oh! My Lord... My Lord... My Lord...

---
* Original Russian text is on p. 175

Dash-dotted

HATRED*

I'll cut off hatred from sorrow,
I'll be swaddled into the chime
Of the wasted years—who needs
The poverty's moan,
Having eaten away the memory?
I'm thrusting into myself
The fatigued gaze,
I'm accusing my depths—
Which forces will caress
And give me to breathe once again.
A moment has been added
Into the grave of moments—
They fill ill, they are living
In those who believe,
That the first moment and the last one
Were given for them only.

---

* Original Russian text is on p. 176

Steven Duplij

BEND*

There's the bend
Of the Fate's thread—
The blow is sliding
On the Mode of life.
Oh! My Lord!
Do not catch me
On the sincere word
Of love,
Do not stand
Around ahead
Of the non-living.
Please, open your eyes
To the Poverty—
I'm tired to burn down
To the Bottom
My last ray inside me.
I'll force
The stains to be washed
By the offenses'
Calmness
Of the obscene
Reproach.
I'm crying, praying,
I'm waiting
For the terror-day:
The Nite is scoffing at me—
I'll get drunk with the oblivion.

---

* *Original Russian text is on p. 178*

Dash-dotted

GAZE*

The gaze abandon
By the promises—she's lying.
The garden
Of Fate dead—I shall sing it
To its ashes.
Was it a running start?—
The running in the circle...
The bars of passing years
Are closing out the light
To be changed into a resilient bed.
The flight's—the fever,
I'll be washed by evil.
Let the flagstaff
Of Past delights—
Be through and gone.
To be with the needless rhyme
Of Life,
As with the solitary cell
Of dream, apart.
The only Image
Inviolable—
Is pseudonarcosis.
Here is a switch—
The turning of it
Has sweared the moment
Over the empty Universe.

---

* *Original Russian text is on p. 180*

HORIZON*

My horizon is torn to pieces—
The crucifix was made by lead.
I do not hear the Singing.
The Fall love—full of ice
Is warping and warping my dream.
Let me discard
That which no longer suits me.
I am divorced with the false
Inside of me.
The thing, which is
A captivity,
Is my morgue of happiness,
As the Naivety's vineyard
Deceased in the rime of Dream.
The smoke of time
Has only enveloped—the Call,
Reminding with its odour
That my ardour,
Being accumulated up
By Neglectfulness,
Is my soul's mad horseman
Exhausted by the worst evil
Of all-devouring
And needless words.

Original Russian text is on p. 183

Dash-dotted

BURNING UP THE LIFE*

Burning up the life
Is trampling my Light
In her embrace,
Throwing into the furnace
Of already other's years
The painshed bits amputated
From the mutilated soul.
Oh! No!
The sweet Naivety and the blindness
Will not give them back to the call:
There is the Time's dart-killer—
Who, piercing, gives you more.
It was long ago desired
To yell: «Yes!»
Towards the fetid
Ditch of Dreams.
Do burn up now—
It does not matter—
I'll over-bear
The remains of the vanishing life,
I am exhausted...
I'm hoary with ages...
I'm melted....

---

* *Original Russian text is on p. 185*

CLOT*

Blind with my dream-ruins
Of broken years and goals,
Get stronger with the word «senility»,
I'm kneading the clot
Of the soul's unleavened wares
Nursed with foam fom the mob
To satiate life's last volume
With stench.
I will drink the heart-rending
Corpse's debts, achievements
Squeezed in luxurious paws
Of Fate lying to your face,
I cut off the terror's remainder,
I burn up the Root by my doubt
To powder with ashes
The path to nowhere— to be....

* *Original Russian text is on p. 187*

Dash-dotted

HAVING*

Having extorted the meaning,
Stand still for exaltation—
There is an awful lot of crushing
Of the handful of living.

The grin of the unwinking,
The reproach of the saints—
I'm bearing the moment
Into the morbid ground.

The guiltiness
Will absorb the yelling about
Everything having been wasted—
At the end
Me—an old man.

Face will be opened
For the last time—
The Things which were stored up
Will be whitewashed with Prayer.

---

* Original Russian text is on p. 153

PLAYING THE GAME*

The callous voice
Of the inviolable Dream
Is heard in the Night—
Her rotten pieces
Are caressing my throat.
The graphomaniacs' chorus
Is spattered with evil.
My yelling is—
Not the damp of bottom rhymes
And not the house of verses
Of trite and miserable metres:
Being tipsy with my pain
I drink myself,
Extorting from my soul
The meaning
Of what I have been here,
Why I have wasted all my roles,
Why I was swimming
In the wrong direction
And rowing with the false oar?—
Yeah, I was simply living...
Was praying...
And was freezing
Playing the game of change.

---

* *Original Russian text is on p. 190*

Dash-dotted

LIFE*

I am not full from the delight
                    of my prayer
And I have shrunken.
What have I done?—The old man
Is dispersed by hopelessness.
The restlessness—
The mind's evil— reigns not there.
The inhuman delicacy
Is not the Ray. Please, answer!
Who is there?— The immenseness
Of the morbid bondage.
Oh! Priestess of dreams!—
You are being poured over me
From head to foot by the nightmare.
You are a lover
Of the inconsolable and meek
Corpses—
Life!

---

* *Original Russian text is on p. 192*

Steven Duplij

FEAST OF LONELINESS*

The ardour was wintering—
Inside me my soul was driving.
Whither?—I didn't know.
She was counting out—
I was counting on:
And it did not tally...
And the Malice,
Softening with Passion psalms,
Squeezing her grin, rushed.
It was a stinking and eternal Ball,
Orgies of caresses,
The feast of loneliness—
And the Salvation.

* Original Russian text is on p. 193

Dash-dotted

BEING DELIRIOUS*

Being delirious by despair
I shall burn up with nonsense
The whole World!—
The settling tank
Of poverty's perfection,
The inexhaustible
Is spattered with ashes,
The sick old man
Is embracing the madness—
He knows, knows, knows...
Making the palette
From the entire blackness
And pain,
The rejecting comes in a hurry.
Oh! Make your brush
More fine— you see I am alive.

---

* *Original Russian text is on p. 147*

CHARRED NIMBUS*

The carbonized nimbus
Has cut up
The absolute meaning—
Throughout.
The peace exhausted
Was shreding
The whole inside of me
To pieces—
Layer after layer:
Let evil come
Into the poverty.
The waste land
Was calling to the Nothing—
Step after step.
The power of the lie
Is delight.
The finality
Was taking years of moan way.
Let the sweetmeat of Naivety
Come to the reproach.

---

* Original Russian text is on p. 195

Dash-dotted

SCYTHE OF TIME*

Oh! You! The scythe of Time!
Do stand still!
Oh! You! The blade of Nothing,
Set to the fancy realm—
Be frozen to dream
About yourself in future,
To know that my footprint
Has not melted,
That I
Have not been successful
In lying.
Oh! You! The Goddess of Wisdom,
Senility!
Remove me
From the spears of the naive words—
As prickles in the roses
Desired—
Consume my Mind
For the delight
Of unforetold steps
Behind the horizon,
Their empty peal
Will come.
But what's for me?
Why me?
I'm finished....

---

* *Original Russian text is on p. 197*

POETRY READINGS AND LIVE CONCERTS BY THE AUTHOR

* 1994 July INTERNATIONAL CONGRESS OF ARTS AND COMMUNICATIONS (Edinburgh, UK) — poetry reading in English

* 1994 December SMALL PRESS BOOK FAIR (New York, NY) — poetry reading in English and Russian

* 1994 December PenRose PUBLISHING Co. (Mystic Island, NJ) — poetry reading in English and Russian

* 1995 July University of Valladolid Residence (Valladolid, Spain) — poetry reading and songs to the guitar in English and Russian

* 1995 July LA CLAVE MUSIC AND POETRY CLUB (Madrid, Spain) — poetry reading and songs to the guitar in English and Russian with Spanish translation

* 1995 August SYMPOSIUM OF INTERNATIONAL SOCIETY OF POETS (Washington, D.C.) — poetry reading and performance of literary works

* 1995 August RAVEN POETRY CLUB (Baltimore, MD) — poetry reading in English

* 1995 August SECOND CHURCH OF PONCE (Ponce, Puerto Rico) — poetry reading and songs to the guitar in English and Russian with Spanish translation

* 1995 August THE LIBRARY OF CONGRESS (Washington, D.C.) — poetry reading and songs to the guitar in English and Russian at the special Russian Table

* 1995 August ROCK CREEK GALLERY (Washington, D.C.) — poetry reading and songs to the guitar in English and Russian

Dash-dotted

* 1996 June WASHINGTON POETS WORKSHOP'S annual reading (Reston Community Center, Washington, DC) — poetry reading and songs to the guitar in English and Russian

* 1996 June ALBANY POETRY CLUB (Albany, NY) — poetry reading and songs to the guitar in English and Russian

* 1996 June MARY PICKFORD THEATER at THE LIBRARY OF CONGRESS (Washington, DC) — poetry reading and songs to the guitar in English and Russian

* 1996 June RAVEN POETRY CLUB (Baltimore, MD) — songs to the guitar in English

* 1996 December FEUDENHEIM HARMONIKA CLUB (Mannheim, Germany) — songs to the guitar in Russian

* 1999 May Kharkov State University (Kharkov, Ukraine) — poetry reading and songs to the guitar in English and Russian

* 2003 May LITERARY CLUB (Wroclaw University, Poland) — poetry reading in English and Russian

* 2007 May MINDPUDDLES GALLERY (Houston, TX) — poetry reading and songs to the guitar in English and Russian

* 2007 May BOWERY POETRY CLUB (New York, NY) — poetry reading in English and Russian

RECORDINGS

* December 1994 The songs ICON and WITHIN A HEARSBREADTH OF LIFE in English and Russian (Joplin's Studio, New York, USA) MC

* November 1995 The concert MOTIFS OF YEARS in English and Russian (Kaiserslautern, Germany)

* July 1996 The concert BLITZ in Russian (Kaiserslautern, Germany; edited and digitalised at Studio TERMINAL, Heidelberg, Germany) CD&MC (GEMA)

* May 1997 Both concerts BLITZ and MOTIFS OF YEARS are considerably improved, remixed and degitalized, available on CD and the author's web-page http://homepages.spa.umn.edu/~duplij

Штрих-пунктир / Dash-dotted

АЛФАВИТНЫЙ ИНДЕКС / ALPHABETIC INDEX

AFTER YOUTH	276
ANGEL	245
BALL	312
BEING DELIRIOUS	323
BEND	314
BETRAYAL NIGHT	256
BLINDS ON THE YOUTH	288
BLITZ	252
BODY	286
BONE	295
BROADWAY	291
BURNING UP THE LIFE	317
CALL TO THE PAST	280
CASTLE	269
CHARRED NIMBUS	324
CLEANING	283
CLOT	318
COAST	293
CRYING	257
DAWN OF MINE	268
DOWNPOUR	300
DRAWING	263
DUET	297
EMBRACING	303
EVENING'S FADE	304
EVERYBODY	258
FEAST OF LONELINESS	322
FEVER	305
FIGHTING	274
FLIGHT	281
FLOWERS	311
FLYING	261
FULLMOON	290
GAZE	315

GETTING COLD	296
GOAL	309
HATRED	313
HAVING	319
HEATING	273
HORIZON	316
ICON	249
I HAVEN'T NOTICED	299
ILLUSION	294
INCORRECT DREAM	246
INFINITE ATONEMENT	244
IN THE CITY	301
JANUARY	264
LEAVES	279
LIFE	321
LINE	278
MOON	284
NUCLEUS	253
PASSENGER	248
PASTNESS	247
PHEOPHANIA'S NIGHT	270
PHEOPHANIA'S RAIN	259
PLAYHALL	310
PLAYING THE GAME	320
POINT	306
PRAYER	289
PULLING	292
QUANTIZATION	266
QUITTING	254
RADIATION	308
REFLECTIONS	285
REFUGE OF HOPES	265
RENDEZVOUS	287
SCYTHE OF TIME	325
SEMI	250
SIEVE	243
SOON—WAR	262
SOUL	282
STARS	272

Штрих-пунктир   *Dash-dotted*

SUPERMANIFOLD	255
SURMISE	302
THREE CEMETERIES	298
TORTURE-CHAMBERS	275
VOLUME	251
WITHIN A HAIRSBREADTH OF LIFE	271
WITHOUT YOU	277
WREATH	260
АИСТ	84
АНГЕЛ	25
БАСТУЕТ НЕЖНОСТЬ	198
БЕЗ ТЕБЯ	98
БЕЛЫЙ СТИХ	202
БЕРЕГ БРЕДА	135
БЕСКОНЕЧНАЯ РАСПЛАТА	21
БЛЕДНЕЕТ НОЧЬ	236
БЛИЦ	54
БОЙ	206
БРЕД	96
БРОДВЕЙ	131
БРОЖУ ПО АСФАЛЬТУ	74
БРОСАНИЕ	58
БРОСИТЬСЯ ВНИЗ	105
БУДУЩЕГО ХРАМ	95
БЬЮСЬ ПРОШЛЫМ	93
ВАМПИР	19
ВАН-ГОГ	71
В ГОРОДЕ	151
ВЕНОК	67
ВЗГЛЯД	144
ВИД НА ПРЕДАТЕЛЬСТВО	38
ВНУТРЕННИЕ МИРЫ	158
ВОПРОСЫ	61
ВРЕМЯ	15
ВСЕ	63
ВСТРЕЧА	57
ГОРИЗОНТ	183
ГОРОДА	30
ГОСТИНИЦА	42

ДАННОЙ МНЕ	36
ДВЕ ОСЕНИ	49
ДЕТСКИЙ АЛЬБОМ	219
ДИАЛОГ ЧЕРЕЗ ОКНО ВАГОНА	100
ДОГАДКА	152
ДОЖДИ	205
ДРУГИЕ ПЛАНЫ	235
ДРУГОЙ	33
ДУША	109
ДУЭТ	142
ЖДУ ВСЮ	204
ЖЕЛАНЬЯ	64
ЖЕНЩИНА	224
ЖИВ	147
ЖИЗНЬ	192
ЗАМЕНА	133
ЗАМОК ТЕНЕЙ	108
ЗАМРИ ВОСТОРЖЕННОСТЬ	153
ЗАПОЙ	124
ЗАСТЕНКИ	94
ЗАСТОЛЬЕ ОДИНОЧЕСТВА	193
ЗА ЧТО?	66
ЗВЕЗДЫ	90
ЗВОН	232
ЗВОНОК В ПРОШЛОЕ	106
ЗРИТЕЛЬНЫЙ ЗАЛ	167
ИЗМЕНЫ	111
ИЗМЕНЫ С МУЖЕМ	184
ИКОНА	46
ИЛЛЮЗИЯ	136
ИМ	40
ИНЕЙ	229
ИНТИМ С НАУКОЙ	222
ИСТОК	77
ИСТОРИЯ ЛЮБВИ	173
КВАНТОВАНИЕ	78
КЛЕЙМО	196
КОВАРСТВО	214
КОГДА ПУСТ	234

Штрих-пунктир / Dash-dotted

КОМ	187
КОСА ВРЕМЕНИ	197
КОСТЬ СУДЬБЕ	138
КРУГИ	177
КУПЛЕТ	97
ЛИВЕНЬ	149
ЛИК	130
ЛИСТ	225
ЛИСТАНИЕ СЕБЯ	227
ЛИСТЬЯ	104
ЛИШЬ БЫ	209
ЛУНА	114
ЛЮБОВНИК	143
МАСТЕРСКАЯ	220
МЕРТВАЯ МАМА	126
МЕСТОИМЕНИЕ	83
МЕТАМОРФОЗЫ	87
МЕЧТА	150
МНОГООБРАЗИЕ СЕРДЕЦ	43
МОЙ РАССВЕТ	82
МОЛИТВА	125
МОТИВЫ ЛЕТ	119
МЫСЛИ НЕ В РИФМУ	41
НА ВОЛОСКЕ ОТ ЖИЗНИ	88
НА ГРЕБНЕ	217
НАДЕЖДА-ДОЧЬ	62
НЕ	51
НЕЖНЫЕ ЦЕПИ	80
НЕ ЗАМЕТИЛ	148
НЕНАВИСТЬ	176
НЕПРАВИЛЬНЫЙ СОН	26
НЕ РАЗБЕЙ	99
НЕТ, НИЧЕГО НЕТ	23
НЕ УМЕЮ	182
НИМБ	89
НИТЬ	178
НОСТАЛЬГИЯ	179
НОЧЬ	238
НОЧЬ ИЗМЕНЫ	60

НОЧЬ ОДИНОЧЕСТВА	155
НУЖЕН	216
ОБЕСКОНЕЧИВАНИЕ	156
ОБРЯД	59
ОБУГЛИВШИЙСЯ НИМБ	195
ОБЪЯТИЕ	233
ОБЪЯТИЯ ЖИЗНИ	185
ОДИНОЧЕСТВО	139
ОЖИДАНИЕ	181
ОЖИТЬ	166
ОЗНОБ	160
ОКРАИНА ДЕТСТВА	189
ОСИРОТЕВШИЙ ВЗГЛЯД	180
ОСТЫВАНИЕ	140
ОТ	34
ОТКУДА?	48
ОЧИЩЕНИЕ	112
ПАССАЖИР	44
ПЕРЕМЕНА	55
ПЕРЕМНОЖЕНИЕ	208
ПЕСНЯ ПРОШЛОМУ	226
ПИВО ЖИЗНИ	35
ПЛАТА ЗА ПЛАЧ	171
ПОБЕГ	107
ПОВЕРХНОСТИ	103
ПОДАРОК	213
ПОЙМИ	210
ПОКРОЮ НЕЖНОСТЬЮ	91
ПОЛЕТ	68
ПОЛЕТ ПОНЯТИЙ	137
ПОЛЕТЫ НЕНАЯВУ	32
ПОЛНАЯ ЖИЗНЬ	230
ПОЛНОЛУНЬЕ	129
ПОЛУ	16
ПОСЛЕДНИЙ ПОЛЕТ	22
ПОСТОЙ	188
ПОЭЗИЯ	215
ПРЕД8МАРТОВСКОЕ	20
ПРЕДЕЛ	45

Штрих-пунктир   *Dash-dotted*

ПРИВЕТ-ЗДРАВСТВУЙ 110
ПРИЗМА 81
ПРИЗНАНИЕ 113
ПРИЧАЛ 92
ПРОДОЛЖАТЬ 218
ПРОЗРАЧНЫЙ НЕРВ 50
ПРОСТО ЖИТЬ 212
ПРОСТОР 132
ПРОШЛОСТЬ 28
ПРОЩАНИЕ 199
ПРЯДЬ 117
ПТИЦЫ 163
ПУСТОЙ ВАГОН 168
ПУТЬ В ПРОШЛОЕ 191
ПЬЮ ПРОСТРАНСТВО 134
РАДИАЦИЯ 164
РАЗМЫШЛЕНИЯ 116
РАЗРОЗНЕННЫЕ МЫСЛИ 122
РАЗРЫВ 141
РЕШЕТО 18
РИСУНОК 73
РОЗЫГРЫШ 190
РОК 207
РЯДЫ 223
СВИДАНЬЕ 120
СИАМСКИЕ МЕЧТАНЬЯ 85
СКИТАЛЬСКИЕ БУДНИ 29
СКОРО ВОЙНА 70
СМЕРТЬ 186
СМЫСЛ 27
СОЛЕНЫЙ БЕРЕГ 69
СПЛИН 102
СТЕПНОЙ 211
СТЕПНОЙ ВОЛК 17
СТИХОДЖАЗ 231
СТРАНИЦЫ КЛАССИКОВ 154
СТРАХ 237
СТРЕЛА 201
СТРЕМЛЕНИЙ ПОХОРОНКИ 172

СТРОКА	101
СТУПАЛ БЕЗОГЛЯДНО	194
СУПЕРМНОГООБРАЗИЕ	239
СЦЕНА	24
ТЕЛЕФОН	159
ТЕЛО	118
ТЕНЬ	53
ТОМ	52
ТОРГ	228
ТОЧКА	162
ТРИДЦАТЬ ТРИ	200
ТРИ КЛАДБИЩА	146
ТРОН	115
ТУМАННОСТЬ ВЕЧЕРА	157
ТЫ	145
УДАР	128
УКРАСТЬ ТЕБЯ	75
УМНОЖИТЬ	221
УСПЕНИЕ	174
УСТАЛОСТЬ	170
ФЕОФАНИИ ДОЖДЬ	65
ФЕОФАНИИ НОЧЬ	86
ЦВЕТЫ	169
ЦЕЛЬ	165
ЧУЖАЯ	161
ШАР	175
ШТОРЫ В МОЛОДОСТЬ	121
ШУМ ДОЖДЯ	203
ЭКСТЕРН	72
ЯДРО	56
ЯНВАРЬ	76

www.ingramcontent.com/pod-product-compliance
Lightning Source LLC
Chambersburg PA
CBHW051747040426
42446CB00007B/256